U0142197

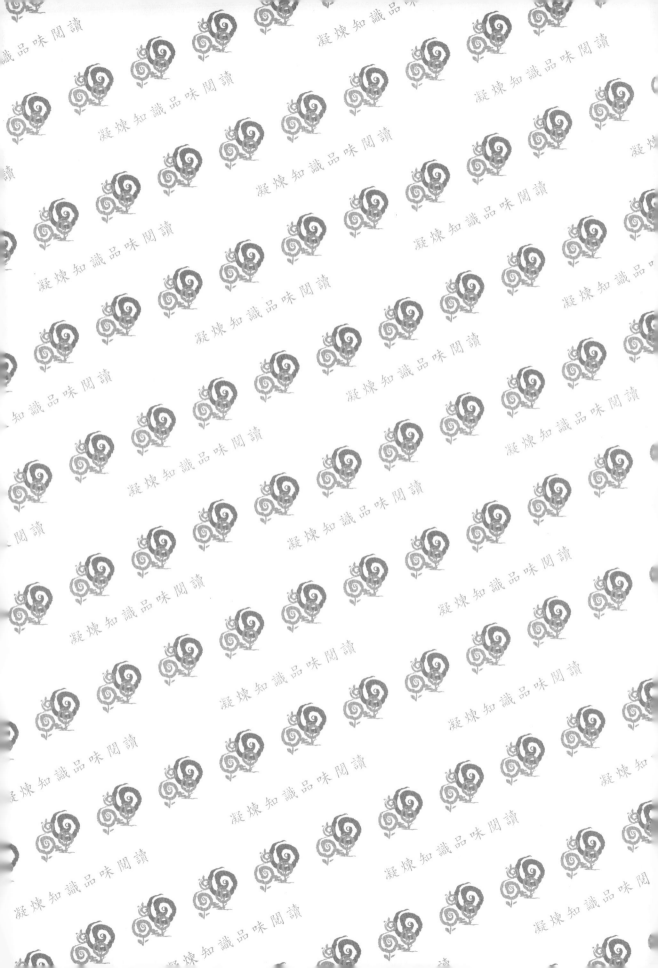

擊 劍
邁向卓越

Elaine Cheris　著

國家運動訓練中心　策劃
邱炳坤　主編
沈易利　譯

五南圖書出版公司 印行

Fencing

Steps to Success

Elaine Cheris

總序

　　2015年1月1日，國家運動訓練中心改制為行政法人，正式取得法制上的地位。然而，光是法制上的地位並不足以彰顯改制為行政法人的意義；中心未來是否能夠走出一番新的氣象，為國家運動員帶來更完善的服務，才是國家運動訓練中心最重要的任務。

　　中心出版這一系列運動教學叢書之目的，首先是期待展現中心在運動專業領域的投入與付出；其次，也希望透過叢書的發表，讓基層運動教練、甚至是一般民眾，在學習各種專項運動時都能有專業的知識輔助，進而達到事半功倍的效果，以普及國內的運動風氣。

　　率先出版的第一批叢書，係來自美國Human Kinetics出版商的原文書籍；該叢書多年來，獲得國際的好評。中心有幸邀請到沈易利、李佳倫、吳聰義、廖健男、林嘉齡、鍾莉娟、許明彰、楊啓文、范姜昕辰等國內大專校院的教師，代為操刀翻譯，在此要先表達謝意。

　　除了對九位老師的謝意，中心也要向合作夥伴五南圖書出版公司表達衷心的敬意和感謝。這次出版一系列的翻譯書籍，有勞五南圖書出版公司的專業團隊，協助編輯、校對等等各項細節，使得書籍的出版進度相當順利。

　　緊接著，中心正由運動科學團隊，積極整理近年來，中心在運動科學領域的實務經驗並加以發表，期盼為運動科學的實務留下紀錄。國訓中心希望運動科學的普及化，能透過這些實務分享，落實到每一個運動訓練的角落，為國內運動科學訓練打下良好的基礎。

國家運動訓練中心　董事長

目 次

緒論

　　擊劍雖然不是一項大眾化的運動，但是每個人都可以參與擊劍運動。比起其他運動，擊劍運動的最大好處是沒有生理上的限制，你的身高、體型、體重都不能限制你在擊劍運動的參與和發展，擊劍運動的發展來自於你的內在，發展潛力和欲望則是決定的因素。比起讓別人做決定，相對來說，參與擊劍運動的人更喜歡自己做決定。擊劍更是一項密集型的運動，就像是電腦遊戲中需要頭腦快速思考的比賽一般，去面對意料之外的各種挑戰。

　　無論男生或女生，學會擊劍技能和技術，都能提高擊劍運動員的反射動作能力，所以，擊劍對身體具有挑戰性。擊劍允許參與者在一個舒適的層級中去挑戰他們對於擊劍理念和身體的適應，對於身體反射動作能力的水準要求也不勉強。如果腿或手臂開始運作，擊劍者在擊劍比賽中就會自動移動到另一個方向。當你的擊劍技術越好，將更能夠學習如何透過改變打法彌補身體上的疲勞。同樣的，擊劍技術一部分也會在某一天出現在你的競賽中，在擊劍運動中，每一天所做的每個努力，都會讓你學會不斷地調整並面對你的對手。

　　擊劍受到技術進步的影響，使現代擊劍已經從少變化的形式中表現出更有效率的運動風格模式。隨著電子計分器的開發，我們不再依賴於看到和聽到的刺中判決得分，過去的重點是打動裁判的判決，現在強調的是得分，而不是由五名從不同位置的裁判所看到的動作優先順序或失誤的分析結果，進行判決犯規處罰或得分，這意味著我們可以動得更多、更快，劍手們知道所有的刺中得分將透過計分系統進行檢測，這也使得現在的擊劍比賽比以前更快、更有效率得多。

　　許多年以前，為了使擊劍在各方面變得更好，提供大量的金錢給那些想出獨特新方法來獲得競賽中勝利的教練。在大量的新招式湧入後，這項幾百年來被鎖定為保持不變的運動系統開始進步，現在擊劍運動正處於發展壯大時期，擊劍選手要和教練分析和發展新動作及變化，以更容易取得分數。因此，擊劍已不再是只有一個正確方式或執行特定動作的運動。自從東歐國家開放後，教練和擊劍選手現在更容易進行國家之間的旅行，新想法和觀念快速在世界上流通，而擊劍運動員也持續證明，許多不同的方法和風格可以獲得勝利，更多的教練都接受了幾年前他們從來沒有考慮過的方法。隨著擊劍獲得勝利的方法改變，教練必須幫助學生找到各種在攻擊和防禦方面的解決方案。

我決定寫這本書來說明一個擊劍運動員正在經歷的訓練變化，書中會教導在其中可以採取的行動方案和動作背後的思想。這本書將以動態的風格和伴隨的相關規則，作爲擊劍運動員和教練建立並發展出屬於自己的基本風格。

　　這本書裡面包含了學習和實踐步驟，然後嘗試，透過細微的修改，形成適合你的風格。目標是讓你能舒服的運動和感覺具有獲得勝利的自信，並與教練一起進行多年進步的訓練和工作而成爲冠軍。

　　雖然擊劍可以區分爲鈍劍、銳劍和軍刀，但在這本書中只包含鈍劍和銳劍，因爲這兩者有許多相似之處。在這本書中，除非具體的提到一個或其他武器，所有的相關詮釋都包含到這兩個劍種。所有技能說明和圖示慣用手都是右手，所以，左撇子將需要採取相反的方向。（對不起，左撇子，但不要有不好的感覺，一旦你學會了這項運動，你會發現你是具有明顯優勢的少數族群，相對於你，你會更習慣於應對慣用右手的擊劍運動員。）

　　在一開始的基本動作技術教學中並沒有拿任何武器，然後才增加鈍劍或銳劍，當你的技術已經達到了足夠的水準，會再加上同伴和對手的練習。最後，我將指導你完成結合所有身體和心理技術上實際的回合模擬比賽。

　　祝好運與玩得開心！

成功單元的步驟

準備好爬上單元一，這將引導你成為一個多才多藝的擊劍運動員。但你不能一下子就飛躍頂端，而是需一個階層一個階層的達到頂端。

在九個單元中的任何一個都可以從之前的單元中輕鬆轉換。第一個很小的單元準備建立扎實的基本技術和概念。如果你進步了，你將學習如何藉由這些技能和思想發展，巧妙地操縱你的對手。在最基本的單元中，如果已接近頂端，你將會變得更相信自己有能力為了比賽或只是好玩而去挑戰更高級別的擊劍運動員。

在各章節的閱讀中，本書還配合了擊劍史，以幫助讀者在每個單元中，依照相同的順序與安排練習方法。

1. 閱讀與解釋為什麼一步一步的階層是很重要的，這包含了對於基本技術、擊劍理念和戰術三者之間的組合與應用的步驟。

2. 按照書中的編號說明，透過肢體準確的演練每一個基本技術，每一個技術中都包含了三個部分：起勢（或稱準備，回到每一次開始的位置）、執行（針對單元中的重點技術動作進行練習）、完成動作（完成一個動作或全部動作後，回到起勢姿勢）。

3. 檢查學生動作，並對經常出現的錯誤動作提出修正建議。

4. 檢查的目的在於每一次的練習都能正確，重複練習的目的是透過實際操作而提高自己的技能，因為這個練習計畫是從簡單到困難，因此，依照練習紀錄與目標並和以前進行比較，將會獲得感動，使下一次練習的安排能成功達到目標，並獲得需求的滿足。

5. 當所有的目標都能夠達成，就已經準備好成為合格的觀察員，這就像是老師、教練或是熟練的夥伴可以針對成功要件的關鍵去評價基本動作技術。這是從性質上或主觀對於基本技術的發展進行評價，因為正確發展可以提高表現。

6. 這些步驟在九個單元重複成功，就能夠發展適合的階層。

祝福你能夠一步一步的發展擊劍技巧和建立自信，並從中獲得成功和樂趣。

擊劍的歷史

　　擊劍這項運動，無論是以戰爭或運動的型態存在，都已經有四千多年的歷史。早期在埃及盧克索的美諦‧哈布神殿（the temple of Madinet-Habu at Luxor, Egypt）的浮雕中已經有擊劍以運動的型態出現，這些劍已經有著鈍的劍尖，參與的擊劍運動員也都帶著面罩，同時也有觀眾、官員和計分員一起參與。

　　中世紀時，劍既長又重，這些笨重的武器主要是用來反攻打擊和威嚇，使對手屈服；在運動時，則是比較劍手伸手刺擊得分的武器。火藥發明之後改變了戰爭的形式，槍砲不僅使穿著盔甲的軍人退場，也使得劍成為一種藝術，沒有笨重的盔甲妨礙動作，而且還給每一個對手更好的保護，劍變成伸手刺擊的武器，也使得劍變得更輕，操作上變得更快，因此嫻熟的技術也變得更為重要。

　　在擊劍運動發達的歐洲，到處都有大師們組成的公會，劍被拿來作為比鬥的指導和學習。現在的擊劍所包含的不再只是單純的搏鬥，同樣的也成運動練習。帶動在不同的學校間大量出現一場場不公開的比賽。但是經過數百年來的發展和影像重播後，卻只有少數不公開的比賽影像被流傳下來。如果現在對抗中有祕密的話，也只是時機、距離和技術，而不是令人驚訝的新動作。

　　義大利的學校率先發展出細長劍身和劍尖的劍，並加以推廣介紹，跟著許多精巧的擊劍腳步，包括長刺和對打中身體接觸的減少也被發展出來並加以介紹。而較長劍身的劍打起來比較精采，但在近距離中則顯得較為笨拙，在那時候，劍手可以用左手持短的匕首作為防禦，並用長劍刺擊對手。

　　十七世紀時，法國人發展出了更短的場地和紳士的擊劍服裝，以作為維護榮耀或保護喜歡的女人或接受微不足道的挑釁，每個有教養的男人都學會擊劍，並將擊劍視為紳士的標誌。

　　較小的場地和適合的劍變得更容易在進攻與防禦時得到控制，這也使得匕首被廢棄。但是在短距離和快速的擊劍運動中常會導致眼睛受傷，也罕見的發生擊劍大師雙眼失明，而隨著擊劍規則被發展出來後，這些運動傷害也就跟著減少。

　　首先，規則規定在擊劍中只能擊中對手的正面，而劍手必須是首先發動攻擊或避開攻擊才能取得攻擊的權利。雖然在四千年前埃及人已經使用面罩，但面罩在十八世紀結束前的使用卻仍不普遍。

　　自從法國埃羅省的拉布瓦希埃（La Boessiere）發明、製作面罩以後，擊劍除了可以避免許多重大傷害的危險，也使得動作更為複雜，劍身的揮舞更加混亂，這個

議題也成為未來擊劍的規範，而規則和許多常規到現在仍然持續發展，目的在於保持擊劍運動的速度和樂趣，帶給劍手和觀眾一致的好評。

　　擊劍是1896年現代奧林匹克開始舉辦時的項目之一，一直到現在仍然保留在奧林匹克運動會的競賽項目中。同時，擊劍與馬術、游泳、射擊、跑步結合，成為奧林匹克的另一個項目——現代五項。在十九世紀晚期至二十世紀早期之間，是根據五個裁判和主任裁判判斷動作描述及主任裁判表決，判定是否正確且有效的擊中攻擊區域。當時比賽服裝規定必須是全白色的，藉以方便裁判的判決。在銳劍方面，由於有效區域為全身，銳劍的劍尖則塗上紅色顏料以方便裁判看到所擊中的地方。現在電子審判器引進到擊劍比賽是先從銳劍比賽中使用，再來是鈍劍，最後才是軍刀，也開始由法國劍手穿著具有個人風格顏色的劍服，現代的劍服是由聚醯胺類合成纖維製成，這種材質的擊劍服具有許多安全性的功能，以防止斷掉的劍刺穿劍服。

　　擊劍是一項動態的運動，需要經年累月的訓練。運動要求具有敏銳的觀察力、反應靈敏的心智，以及強健的身體。擊劍運動也適合各年齡層，在全國（美國）各地的擊劍俱樂部可以看到6歲的小孩揮舞著手上的劍在練習。此外，16至56歲的擊劍選手皆有機會可以獲得奧運的參賽資格（現在並沒有明確的年齡限制，原則上依國際擊劍總會規範，例如2016年奧運中規定於2002年〔含〕以前出生的就能參加），所需要的只是練習與一顆對擊劍運動渴望的心。

單元一　起勢姿勢和移動：劍道上的移動

要成為擊劍運動員，首先要學習在準備位置上的平衡，在順利移動、快速的於任何方向移動和在沒有任何方向改變時，不因身體鬆軟而失去平衡。練習腳步的目的不是要學習奧運選手展現的複雜腳步，而是學習基本的移動，幫助你將來能夠學習更多、更複雜的技術。

擊劍步法有很多的變化，在這一個階層中，我們將會教導敬禮、起勢、前進、後退和彈跳。當你開始要捍衛自己的空間時，這些都是基本的裝備。在練習這些基本技能的時候，手上不需要拿劍而分散了所產生的效益。當在劍道上的移動（起勢、前進、後退、彈跳）成為走路或跑步的第二本能、焦點轉移成為知識後，就可以成為向對手進行進攻或防禦時的適當措施。

為什麼敬禮很重要？

敬禮在體育運動中是最古老的傳統，敬禮的姿勢在兩者之間示意著承認對手是一個值得尊敬的競爭者，並且是古典和重大的規則範圍，希望優秀的擊劍運動員能獲得勝利。

進行演練、訓練、比賽或接受教練的對練課，無論在之前或之後，擊劍運動員都必須對教練或對手敬禮，這在世界各地都沒有例外。雖然有些擊劍運動員在敬禮時可以創造自己的風格，但是敬禮的動作都離不開用持劍手把劍帶到下巴這個動作。

在敬禮的時候，直立、挺直、有自信的站立，半面面對你的對手，以沒有持武器（劍）的手持著面罩，持劍伸展向對手但方向朝向地面，輕輕地點向地面（圖示1(a)）。使護手（保護手不被對手劍尖刺中的部分；劍鍔）接近下巴，劍尖向上（圖示1(b)），接著將劍帶回到原來的位置（圖示1(c)）。敬禮時，武器絕對不能觸擊地面。

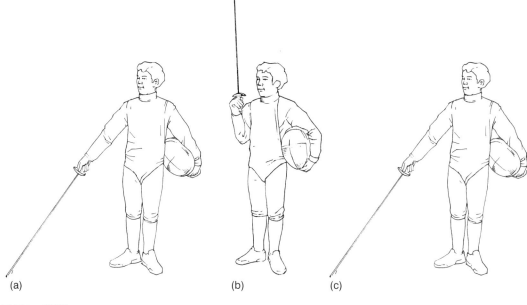

圖示1　敬禮

比賽後依照敬禮的禮節跟對手有力的握手，不能夠有頹喪、軟弱、搖頭不握手等，因為這些都是不被允許的行為。也許你在這場比賽中獲勝了，也許你輸了，都必須和對方握手。如果你贏了比賽但不握手，可能會被對手認為是不尊重。如果比賽中輸了，保持抬頭並說「這是一場好的比賽」，不要表現出對對手或搭檔的憤怒，因為這樣只會造成你在目的和情緒上分散注意而延緩了進步。要記得，你的目的是盡可能在緊張情況下儘快的學習，使心理和身體與情緒始終保持在可以控制的狀態。

為什麼起勢和機動性很重要？

起勢（或稱準備姿勢）是一個使得進攻和防禦都能夠符合動力學的機動動作姿勢。起勢採取側身姿勢，這讓你成為更難刺中的目標，以及獲得較長的延伸。因為擊劍是在危險的地面上進行，所以移動能力在擊劍運動中極為重要。

為了儘量減少危險的發生，必須移動使自己和對手保持距離的變化。你的意圖是否有明顯的決定權（主導節奏）和劍道上流暢的移動能力，這也包括在任何時機與情況下改變方向的能力。這將增加你在相同空間的控制能力與方式。就如麥可‧喬丹（Michael Jordan）在籃球場上一樣，他快速移動與改變方向的能力，導致防守著他的對手，為了不被拋在後面而保持了一定的空間。所以在擊劍中可以透過移動控制你的對手，而兩者之間的距離更是比賽中的關鍵因素之一。好的步法則是你是否成為一個優秀擊劍運動員的關鍵要素，因為如果你的對手趕不上你，他就無法刺中你；而有了良好的步法就能夠輕易的逃避對手的攻擊，也可以很容易就趕上對手。

如何實施起勢姿勢

起勢姿勢的學習可以在任何一個地方開始，但最好的地方大概是有著與身

高相等的鏡子前面。在鏡子前面，你看到的就像是對手所看到的你。開始學習時先直立，手臂和肩膀放鬆，手放在臀部的位置，接下來把你的左腳腳後跟靠在右腳腳後跟上，兩腳跟呈90度，形成一個L形。

走出優勢：前腳踏出後，使兩腳腳跟的距離大約等同於肩膀的寬度，或是腳長的一又二分之一。膝蓋彎曲的位置在鞋帶的上方，膝蓋不要擠壓超出鞋帶上方，也不要使膝蓋向內縮。體重平均分布在雙腳，臀部微微的向前腳轉動（優勢側），頭部保持正直並直接面對鏡子。圖1.1(a)顯示的是銳劍起勢姿勢，(b)顯示的是鈍劍起勢姿勢。

好的起勢姿勢必須讓你在準備向前進或向後移動時，感覺是在控制中和獲得平衡。擊劍的起勢姿勢與衝浪的姿勢非常相似，在起勢姿勢時必須是完美的平衡。將前臂與前腳和大腿往同樣的方向伸出。手臂應該從肩膀直接伸出，平行於地板，用手指去延伸，拇指朝上。降低手肘彎曲手臂，前臂與手腕跟地板保持平行，鈍劍的前臂應該從平行線稍微向上揚，銳劍則保持與地面平行，另一支手臂以類似芭蕾舞的姿勢從肩膀上舉起。圖1.1(c)所顯示的是銳劍，(d)所顯示的是鈍劍。

銳劍和鈍劍存在著些微的生物力學差異，如圖所示。如下圖(b)鈍劍的腳分開稍寬，膝蓋彎曲也較大，上半身被壓擠而更朝向對手的方向，手臂的彎曲也比銳劍多。

圖1.1　成功的關鍵

起勢

(a)　　　　　　(b)　　　　　　(c)　　　　　　(d)

1. 兩腳腳跟在一條線上呈90度，膝蓋彎曲＿＿＿＿

2. 前手臂、手肘、肩、膝蓋和腳都處在

同一個垂直平面上＿＿＿＿

3. 後手臂在後肩上呈圓弧狀＿＿＿＿

4. 肩膀和臀部呈水平＿＿＿＿

爲什麼向前步法、向後步法和彈跳很重要？

因爲擊劍可以朝向對手向前推進，或是對手在你朝向他前進時沒有退開距離，如果達到能在一個前進距離中以前進步法擊中對手，或以一個長刺距離用長刺擊中對手，或當你能夠以劍尖延伸到對手，就表示已經達到得分距離，在這個距離中，至少有一半可以刺中得分，這便是在一次比賽中應用前進、後退或彈跳來縮小與對手的距離或保持距離的重要性。

在擊劍運動中常常會以前進、後退改變距離或配合節奏、速度、動作的戰術組合，造成對手失去他的節奏和距離，或是在發生一個不適當的攻擊或進行準確的攻擊時機後（提供保護自己和更好的得分機會），創造出更大的得分機會。

彈跳是有氧性的，可作爲向前和向後的動態移動。由於彈跳需要大量的能量，所以必須搭配自己的體能與技術條件，有節制的應用。彈跳可以在持續準備的狀態下掩蓋你的意圖，也可以在瞬間改變方向，還有助於爆發力，幫助你快速因應對手的行動。彈跳可以使身體保持警戒狀態，也是調節擊劍作用肌肉速度的好方法。

當你開始和別人進行擊劍運動時，就需要保持前進、後退和注意體能，保持較長的距離，然後以彈跳造成對手的緊張，當兩者進入危險距離時進行刺擊得分。

前進步法

前進步法是從起勢向對手方向推進的動作，有助於主動的更接近對手，達到直接透過劍尖刺擊對手的目的，這將會在單元三長刺和回線中學習到。

如何前進

依據圖1.2(a)起勢姿勢，先抬起腳趾並採取小步的方式移動前腳（圖1.2(b)），緊接著後腳跟上，雙腳移動仍然必須保持相同的距離，後腳的移動必須快速且穩定，在整個過程中保持雙膝彎曲並向外壓（圖1.2(c)）。思想和感覺一樣的移動，雖然實際上你移動腳的距離一模一樣，但覺得你的後腳快了兩倍。移動時，前腳在後腳未穩定下來以前不能進行另一個移動，也不要低頭或搖頭，保持在與地面平行的同一個水平線上前進。

圖1.2　成功的關鍵

前進步法

 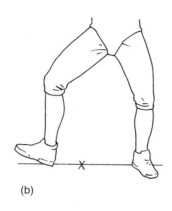 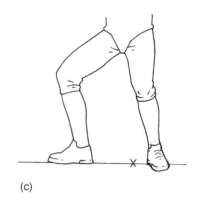

(a)　　　　　　　　　　　　(b)　　　　　　　　　　　　(c)

準備　　　　　　　　　　　　　　　　　　**執行**

1. 準備自己的起勢姿
　 勢_____

1. 首先抬起腳尖向前邁出
　 第一步，後腳緊緊跟上
　 _____
2. 腳抬起來的高度不要超
　 過地面10公分以上____
　 —

3. 保持前腿、膝蓋、腳趾
　 尖朝向前_____
4. 保持腳趾、膝蓋與後腿呈
　 90度的方向前進_____

後退步法

　　後退用於需要與對手保持適當的距
離，作爲與對手太近時，保持防禦對手
發動攻擊的距離，並能夠應用後退讓對
手跟隨後再向前創造得分的機會。

如何後退

　　後退時，首先向後方移動後腳，接
著前腳儘快的向後移動相同的距離，雙
腳仍然保持與肩同寬的距離。即使你移
動雙腳的距離相同，但在行動時會覺得
前腳移動了一半的距離而後腳卻是快了
兩倍，圖1.3(a)至(c)顯示後退的發展。

圖1.3　成功的關鍵

後退步法

準備

1. 平衡的起勢姿勢＿＿＿＿＿

(a)　　　　　　　　　(b)　　　　　　　　　(c)

執行

1. 首先向後移動後腳，然後前腳立刻向後縮回＿＿＿＿＿

2. 保持腳與地板的距離在10公分以內＿＿＿＿＿

3. 腳前掌後退＿＿＿＿＿

4. 膝蓋彎曲並壓向外側，保持膝蓋在鞋帶上方＿＿＿＿＿

如何彈跳

　　彈跳是一個雙腳和膝蓋彎曲最小以完成輕微彈跳的運動。跳繩是學習彈跳最簡單的方式。開始於起勢姿勢以及上、下彈跳，保持膝蓋彎曲在相同的角度（圖1.4(a)）。以雙腳彈跳，而不是使用膝蓋彈跳。雙腳在同一時間離開地面，並同時回到地板上（圖1.4(b)）。重心維持在雙腳之間。

圖1.4　成功的關鍵

後退步法

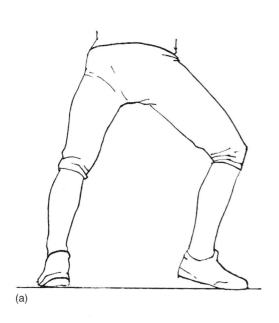

(a)

(b)

準備

1. 平衡的起勢姿勢＿＿＿＿

執行

1. 留在你的腳前掌（前腳掌著地）＿＿＿＿
2. 保持膝蓋與腳彎曲和彈力＿＿＿＿
3. 腳在同一時間離開地面＿＿＿＿
4. 腳在同一時間落點在地板上＿＿＿＿

如何向前彈跳

彈跳前進不僅能夠比前進步法更快的移動以接近對手，也可以向對手隱藏自己的意圖。從彈跳的動作看來具有欺騙的效果，這讓你看起來比你真正的速度快，因為彈跳運動會使對手較難辨識真正行動的開始。

在雙腳同時離開地面進行彈跳的時候，是屬於向前的運動，而不是向上的運動。每個彈跳向前速度和距離必須取決於對手的動作和自己的意圖，常在需要快速抵達合適於可以擊中對手的距離時應用，但是每次彈跳的水平距離適合在15到20公分之間。前進太遠的彈跳容易因為在空中停留太久或失去平衡而受到傷害。向前彈跳結合向後彈跳，可以讓擊劍運動員與對手保持適當的距離。

雖然在術語上稱為「彈跳」，但實際上這是輕微向前或向後彈跳的運動，動作上是與地面平行而不是垂直的。不

同的是在前進時，頭部會有向上或向下微小程度的移動，不過還是要儘量避免上、下晃動的可能。

如何向後彈跳

　　向後彈跳可以獲得向後撤退的距離以遠離對手。記得，不管怎樣，向後彈跳不僅是避免對手的刺中得分，也可以為自己創造適當的距離來反攻得分。

　　在向後彈跳之後，應立即回復到起勢姿勢（圖1.5(a)）並在同一時間（圖1.5(b)）離開地面。彈跳的速度和距離則依據對手的動作和你的意圖或目的決定。後退時應該要達到快速的程度並避免被對手擊中，以及在合適的距離中可以從對手的反應開始發動攻勢。彈跳向後與彈跳向前的組合可以維持你與對手的適當距離。

圖1.5　　成功的關鍵

彈跳向前與向後

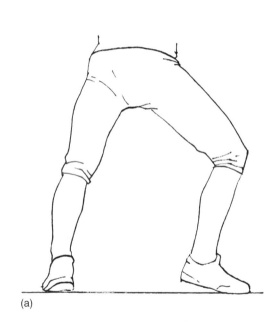

(a)

(b)

準備

1. 平衡的起勢姿勢＿＿＿＿

執行

1. 在後退的時候保持膝蓋彎曲＿＿＿＿
2. 保持你的前腳掌＿＿＿＿
3. 雙腳向前或向後推同時離地＿＿＿＿
4. 雙腳落地時，同時用膝蓋輕微的予以緩衝＿＿＿＿
5. 平衡的著地姿勢，準備任何方向的行動＿＿＿＿

起勢姿勢和機動性，劍道上的移動

單純的以起勢姿勢尚不足以看清問題，你還必須能夠進行修正以解決問題。這裡有一些對起勢姿勢常見的問題與如何解決問題的介紹。

在前進和後退時，發生的最主要錯誤是重心從一腳轉移到另一腳時所產生的身體搖晃，這個現象會給你的對手提供信號。如果你在極短的時間內用乾淨俐落的腳步掩護而腳沒有被拖延，就可以讓你的問題降到最低。腳步移動的時候，從腰部看起來就好像你坐在輪子上，腳步在改變方向的瞬間也不要停頓，要保持腳在地板上時盡可能的「快」，並將身體重心保持在兩腳之間。

錯誤	修正
起勢姿勢	
1. 站立時腿站直。	1. 膝蓋彎曲、臀部下壓。
2. 太多的體重在一隻腳上感覺失去平衡。	2. 從起勢姿勢作為唯一的訓練，伸直腳趾和膝蓋回到站立，再降低自己回到起勢姿勢幾次，去感覺平衡的姿勢。你也可以透過輕輕的彈跳去找到平衡的姿勢。
3. 屈膝向內塌陷。	3. 壓膝蓋向外，轉動臀部稍向前傾，直到前膝蓋在鞋帶上方。
4. 覺得姿勢導致你的身體變得僵硬或緊張。	4. 可能是你側面站立太多，導致肩膀和臀部繃緊。把你的臀部和肩膀微微向前緩解受應力作用的區域。
前進步法和後退步法	
1. 先移動後腳前進。	1. 開始前進時總是用前腳啟動。
2. 開始後退時先用前腳。	2. 開始後退時總是用後腳啟動。
3. 拖著跟隨腳或前腳跟。	3. 略微抬起跟隨腳，採取小的腳步，快速、乾脆的移動。
4. 前進或後退時身體向前或向後移動。	4. 保持身體姿勢穩定和重心不會偏移。
彈跳	
1. 膝蓋伸直，增加太多高度。	1. 跳躍基本上腳總是保持膝蓋彎曲，腳踝與地面接近。
2. 重量轉移向前或向後。	2. 體重均勻分布在兩腳之間，頭部不動，保持下巴穩定。
3. 八字腳。	3. 保持前面膝蓋和腳趾在一直線上，並朝向對手。

起勢姿勢和移動性

練習

這些練習的目的是使正確的起勢姿勢成為永久性的肌肉記憶，這樣你就可以在向前或向後快速地移動時保持這個姿勢。這些練習也開始啟動你的身體教導功能，並正確地去因應對手。而你的注意力是專注於你的對手，並採取必要的行動來得分。

為了以下練習，你需要一面至少5公尺的鏡子。如果可能，準備一個開放的空間和一個合作夥伴。你將需要在地面上標示一條供踩踏並與鏡子呈90度角的直線，你可以用膠帶或粉筆標記線，或使用已經在地板上的接合處或裂紋，這條直線是用來檢查你的運動是否在一條直線上。倒數計時秒錶或定時蜂鳴器對這些練習會有所幫助。

安全注意事項：前進夥伴所需要的責任是去關心正在進行移動、後退的夥伴不要產生危險狀況，如撞擊牆壁或會絆倒的東西。

1A. 前進

這些初步練習將幫助你學習前進和後退，同時保持適當的起勢姿勢。開始起勢時，面對鏡子大約6至10公尺遠，前腳的中間線和後腳腳跟剛好與在地板相交的線接觸，將雙手放在你的臀部。在運動過程中保持身體直立，腳的每個步驟必須正確的放置在線上。

成功的目標 = 對著鏡子完美且正確的將雙腳踩在線上，完成10次的前進步法_____

✔成功的檢核

· 膝蓋在鞋帶位置上方_____
· 在線上保持肩膀和臀部的水平_____
· 保持下巴微抬_____
· 保持重心在兩腳之間_____

· 在起勢姿勢放置武器。
· 閉上眼睛，檢查進行前進步法
　後，後腳在完成腳步後的位置。
· 儘可能的做快速度的前進步法，
　而且保持良好的形態。

· 慢慢使用更小的步伐前進。
· 每次前進後暫停，並檢查你的身
　體和腳放置在線上的位置。

1B. 練習快速移動後退步法

　　起勢時將手放在你的臀部，接近並面對鏡子，正確的將腳放置在線上後退10
次。記住，當前腳完成撤退時，需要感覺它的動作比啓動一個較短距離的後腳更
快，這樣就會啓動後退。

 成功的目標 ＝ 完成10次後退保持
腳部在線上，重複這組練習5次_____

✔ 成功的檢核
· 先移動後腳_____
· 後腳抬起，不要讓身體向前傾斜_____
· 保持膝蓋在鞋帶上方彎曲_____

· 在起勢姿勢放置武器。
· 膝蓋彎曲更多。
· 進行更快的後退。
· 不要看著標示線，直到結束後退。
· 閉上眼睛，退10次，然後張開眼
　睛並檢查位置是否在線上。

· 每次後退後暫停檢查位置。

1C. 前進或後退

在地板的中心起勢，閉上眼睛，你的夥伴從你上次看見他的地方移動到地板上某個位置停留。一旦叫你的名字，你不能張開眼睛，必須前進或退到他叫你的地方，並停在他的面前。你的夥伴必須停留在他叫你的地方，評估你的前進或後退和距離感。

 成功的目標 = 以直線準確執行正確前進或後退到你覺得夥伴所在的位置，並停在他面前_____

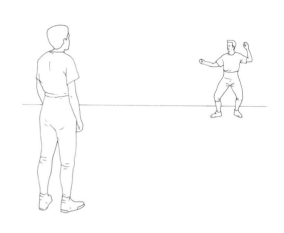

✔ 成功的檢核
· 肩膀放鬆，停留在適當的起勢位置__
· 專注於聲音的前進位置_____
· 積極採用小步前進_____
· 後臀向下壓_____

為了增加難度
· 當夥伴呼叫你的名字後，轉身前進或後退到他的位置。

為了降低難度
· 請夥伴更接近和呼叫你。

2A. 跟移動的夥伴一起練習

第二組的練習將可以幫助你學會應用前進和後退以保持你和夥伴間的距離。剛開始的時候，起勢姿勢和夥伴的距離為你的手臂延伸約1公尺，而你的前臂應該是延伸四分之三。在練習期間，你的夥伴是領導者，當他做出了2次前進，你就退後2次；他後退3次，你就要前進3次。維持在整個練習過程中，你和夥伴之間的距離保持相同。保持距離不變是你的責任，下面所要敘述的，就是提高所謂的「保持距離」。

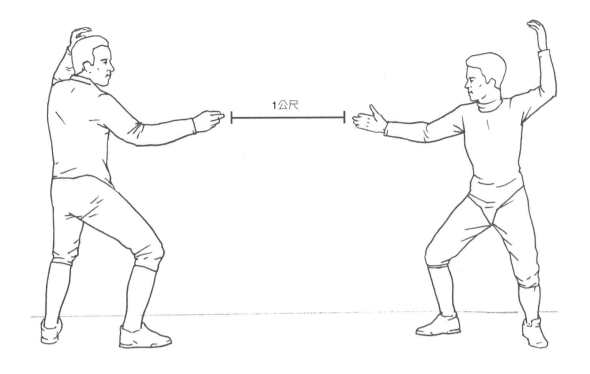

1公尺

成功的目標 ＝ 與夥伴保持30秒的距離，繼續重複前進與後退序列。重複這組動作5次，兩組之間休息30秒＿＿＿＿

✔ 成功的檢核

· 隨時檢查距離＿＿＿＿

· 由夥伴檢查起勢姿勢＿＿＿＿

· 保持眼睛看著對手的肩部區域或臉部＿＿＿＿

· 保持你的胳膊肘尖端朝向地板上，銳劍隨著保持手肘與地面平行，鈍劍則略有角度＿＿＿＿

為了增加難度

· 夥伴變化節奏或步驟的節奏。

· 夥伴製造一些身體微妙的假動作。

· 提高工作時間為1分鐘。增加組數。如果覺得疲勞，可以增加休息時間為1分鐘。

· 保持腳正確的放在線上。

為了降低難度

· 更改步法模式，減少前進與後退。

· 將你的手放在臀部。

· 領導每一個腳步後暫停。

· 減少工作時間，增加休息時間。

2B. 移動，改變方向

　　這個練習，你需要一根大約1.5公尺長的繩子。以起勢姿勢面對你的夥伴，你的腳擺放正確就行了。你和夥伴各以持劍手握住繩子，並將手臂伸展至四分之三的位置，使得繩子稍微下垂，並使你和夥伴的手距離大約1公尺。

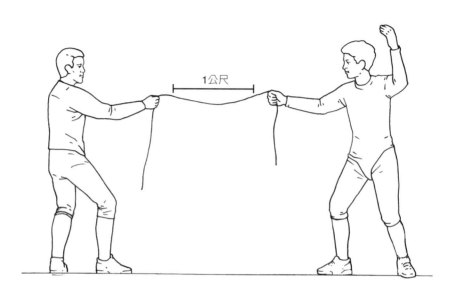

1公尺

　　你的夥伴採取3次前進和2次後退，或後退3次和前進2次。你必須以適當的步法對應並保持適當的距離。使用繩子作爲視覺輔助，是當你沒有保持適當距離時，提醒你注意距離變化。

　　領導者應該慢慢地移動，以便夥伴能保持正確的距離並維持良好排列，讓你的腳正確放置在地板上的線。你的持劍手臂可稍微彎曲和不動，以調節繩索的鬆弛度。你和夥伴之間的距離應該在適當的時間中，在夥伴主導的移動中決定正確的步法和正確的距離並移動腳去維持，期間不要讓身體來回晃動並保持好距離。

　　領導者前進與後退，夥伴跟隨。兩個擊劍運動員必須保持良好的競技狀態，努力保持適當的距離，以維持繩子緊繃。

🔊 成功的目標 ＝ 由你的夥伴領導，你跟隨30秒、休息30秒。然後換成由你帶領30秒、休息30秒。重複5次＿＿＿＿＿

✔ 成功的檢核
・放鬆肩膀＿＿＿＿＿
・採取小步＿＿＿＿＿
・保持好起勢姿勢＿＿＿＿＿
・不要猜測。當你的夥伴移動時才移動，不要在夥伴移動之前移動＿＿＿＿＿

為了增加難度

· 領導者改變三和二的步法模式。
· 增加工作時間和組數。
· 快速和頻繁的更改方向。
· 膝蓋彎曲更多。

為了降低難度

· 更改步法前進12公尺、後退12公尺。
· 每一步後暫停。
· 每次方向改變後暫停。
· 減少工作時間或組數。

2C. 移動距離控制

以起勢面對你的夥伴，延伸你的手臂當作武器碰觸對方，兩人手掌交疊，但不握住，雙臂伸長（指你和夥伴）。由你帶領，你的夥伴必須保持距離。你前進2次、後退3次，或後退2次、前進3次。你的夥伴透過合適的腳步回應你並保持距離，你的手（和夥伴接觸的持劍手）可以前後滑動一點點，但必須始終保持接觸，停留在良好平衡的起勢姿勢。方向變化時，專注於保持你的膝蓋彎曲。

成功的目標 = 30秒的移動和30秒
的休息。每一組之後，兩人互換成為引
導者。重複這組練習5次_____

✔ 成功的檢核
・放鬆肩膀_____
・流暢地更改方向_____
・延伸雙臂_____
・保持手指延伸_____

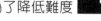 為了增加難度
・領導者預定不同的腳步模式。
・領導者改變步伐移動的節奏。
・領導者變化步伐的長度。
・膝蓋彎曲更多。

為了降低難度
・前進12公尺，然後後退12公尺。
・領導者的方向改變後暫停。
・領導者做小步。
・減少工作時間，增加休息時間。
・緩慢向下探討。

3. 彈跳，動態移動

　　這次練習要同時保持起勢姿勢，並適當地增加彈跳元素。開始起勢時，面對約4公尺遠的鏡子。先原地彈跳10次，再彈跳2次向前，然後前進2次和後退3次。

成功的目標 = 完成10組。每組完
成後，休息30秒_____

✔ 成功的檢核
・用腳彈跳，不要用膝蓋彈跳_____
・腳放輕鬆做小的彈跳_____
・保持頭部水平和有限的上下擺動____
・順利更改方向，迅速且沒有暫停____

為了增加難度

· 提高原地彈跳的次數為20次。
· 膝蓋彎曲更多。
· 保持正確的姿勢，盡可能快速移
  動。
· 做較快節奏改變方向的彈跳。

為了降低難度

· 減少彈跳的數量。
· 每一組結束後暫停。
· 緩慢向下探討。

4. 跟夥伴練習累進的距離變化

　　此次練習的目的是教導你和夥伴在各自執行不同類型的腳步時，如何保持距離。這種練習甚至連奧運代表隊成員都覺得難，所以慢慢發展自己的技能。當你開始比賽之後，最重要的是不要被你的對手主控節奏，而是你必須保持自己的節奏，並試圖去控制對手的節奏。在比賽中，你和對手都在移動，但是不能被他以一個難以理解的概念（指節奏和意圖）控制，但是當你能感覺到它，你就能夠輕易的去辨識。

　　購買一支直徑1公分、長1公尺的圓木棍，木棍的一端以一個網球墊塞（棍子穿過球的一端，指棍子穿過球的一邊，完成時像棒棒糖那樣）。

　　採取起勢姿勢面對你的夥伴，用持劍手握住木棍，伸展手臂四分之三，將網球抵住夥伴胸部，位置剛好在衣領與鎖骨下面，這時候夥伴是領導者。你必須在適當的時間因應夥伴的動作，快速的移動腳步，保持你與夥伴的距離。在過程中可以彎曲或略微延長持劍手的手臂，但最好是嘗試著保持手臂不動而以腳步去保持手臂與身體的距離。練習的目標是透過所有的腳步變化，保持網球貼黏於夥伴的胸部。在開始擊劍後，要經常做這個練習以提高條件反射作用、聚焦、距離感。如果離比賽只有短時間，一定要做到練習5。當你有了自己的裝備後，要用自己的劍練習，並穿著擊劍服裝比賽。

 成功的目標 = 完成所有的腳步和腳步變化的練習：練習20秒，休息30秒_____

執行以下的腳步變化練習，達到始終讓球抵住夥伴的胸口。

1. 你和夥伴移動腳步（前進和後退）。
2. 你和夥伴彈跳。
3. 夥伴彈跳，你步伐。
4. 夥伴步伐，你彈跳。
4a. 夥伴前進擊劍劍道的長度，或者在你有可用空間中後退，保持距離。
4b. 夥伴後退擊劍劍道或者你有可用空間的長度。你前進保持距離是正確的。
4c. 夥伴做出一個前進和一個後退；你可以透過使用相對應的腳步保持距離。
4d. 夥伴進行3次前進和2次後退；你可以透過使用相對應的腳步保持距離。
4e. 夥伴無預定的腳步模式來回移動；你透過使用適當的腳步保持距離。

✔ 成功的檢核

前進
· 前腳膝蓋保持在鞋帶上方_____
· 保持膝蓋彎曲並壓向外側_____
· 首先抬起前腳趾_____
· 保持雙肩放鬆和手臂完全伸展（沒有鎖定）_____

後退
· 放鬆_____
· 保持挺胸抬頭_____
· 後髖關節與前臀保持水平_____
· 保持雙肩水平_____
· 不要在前腳抬起時將重量轉移到後腳_____

彈跳
· 放鬆肩膀_____
· 雙腳同時離開地面
· 雙腳在同一時間落地_____
· 利用腳彈跳，不是用膝蓋帶動_____
· 保持腳跟稍離地面_____

為了增加難度

· 夥伴進行不同節奏和大小的腳步。
· 夥伴做身體假動作。
· 夥伴迅速改變方向。
· 增加工作時間或組數。

為了降低難度

· 夥伴執行每一個腳步以後的暫停，讓夥伴及時調整。
· 減少練習時間，增加休息時間。

5. 耗氧性腳步訓練計劃

　　額外的培訓可以提高你的腳步和條件反射作用；如果你與夥伴定時做練習，距離將可得到改善。

　　你可以執行以下時間或距離練習，或做建議的組數。

a. 熱身：跳繩1分鐘，休息1分鐘，重複5次。休息2分鐘，再連續跳繩2分鐘。

b. 30秒，前進（或前進20或10公尺的距離×3），30秒休息。

c. 30秒，後退（或後退20或10公尺的距離×3），30秒休息。

d. 30秒，4次前進，2次後退，3次彈跳（或系列重複5次），30秒休息。

e. 30秒，3次後退，2次前進，4次彈跳（或系列重複5次），30秒休息。

f. 30秒，定點彈跳（或60次彈跳）。將你的膝蓋彎曲到最大，30秒休息。

g. 30秒，1次彈跳向前，1次彈跳向後（或×30），30秒休息。

h. 30秒，3次向前彈跳，1次反彈（或×20），30秒休息。

i. 30秒，3次向後彈跳，1次反彈向前（或者×20），30秒休息。

j. 30秒，2次彈跳前進，2次前進，2次彈跳向後（或×10），30秒休息。

k. 30秒，4次彈跳向後，2次彈跳向前（或×10），30秒休息。

l. 30秒，3次前進，2次向後彈跳，2次彈跳向前，3次後退（或×10）。

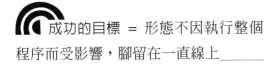 成功的目標 = 形態不因執行整個程序而受影響，腳留在一直線上_____

單元一　起勢姿勢和移動：劍道上的移動

為了增加難度

· 膝蓋彎曲得更多。

· 使用更快和更短的步伐，不停頓且積極和迅速的改變方向。

· 執行整個訓練的過程都讓起勢姿勢處於較低的狀態。

為了降低難度

· 膝蓋彎曲較少。

· 採取較慢的腳步，改變方向之前暫停。

· 縮短訓練時間，增加休息時間。

腳步可以採取各種不同的方式來完成：

1. 獨自做到這一點，針對特定肌肉、技術或速度訓練。
2. 執行時面對鏡子（極好的技術分析）。
3. 執行腳步並請夥伴／教練評論你的表現、姿勢和技術。
4. 隨著夥伴對距離、時機、訓練和體認。
5. 各組中改變領導者角色，第二天你和夥伴也可以帶動整個訓練活動。

成功的阻礙

很多擊劍運員設定了一個遙不可及的目標而成為很大的絆腳石，如「今天所有的一切都要是完美的」。事實上，擊劍需要長久的努力，而每天的改進是必要的。清楚自己的意圖與目的，並在每次參與擊劍練習之前設定所希望的結果。做一個夢想者，不要讓現實成為否定的理由。不要試圖達到完美，只要今天的練習比昨天進步1%就夠了。記錄詳細的訓練日記，內容聚焦在你今天準確的做了什麼。

成功總結

擊劍比賽是建立在平衡的起勢姿勢，以及靈活的前進、後退和彈跳，哪個擊劍運動員能夠快速的在劍道上以平衡的姿勢快速移動，在正確的時間進行防禦和攻擊。要記得，平衡是關鍵。在開始起勢姿勢後要記住，應該在每一個前進、後退、彈跳的任何位置上準備好進行突然襲擊的姿勢，透過前進、後退或微小的彈跳帶動向前或向後移動，膝蓋保持彎曲，每一個腳的動作在過程中都保持接近地面。

我們已經探討過基本的起勢姿勢和移動性，主要因素是擊劍比賽時兩個擊劍運動員之間的區域，腳步是控制和管理距離的基本，並藉此為你帶來在擊劍上努力的成功。

現在，你已經完成學習擊劍運動初步階段必要的步法。當你完成所有的練習之後，就會開始覺得擊劍姿勢是舒適的，在進行空間管理（在劍道上對於劍道空間的應用）的時候也不會犧牲體能。

單元二 擊中目標：判斷適當的距離

成為擊劍運動員的第二個步驟是選擇合適的握把（另有稱為劍柄、手把）和武器（指劍）。你必須開始關注於擊劍其他武器的複雜性與讓你舒適的武器。首先你必須學會如何握住劍，如何延伸到遠端，如何控制劍尖。學習控制劍尖和清楚地瞭解你的距離，在擊劍運動中是非常必要的。

為什麼準確的控制劍尖很重要？

在第一階段中，你已經學會了如何用腿在劍道中移動，獲得移動到合適的距離擊中對手得分的能力。在這個步驟中，你將學習到發動進攻並準確擊中。所有的擊中（得分）都是由三個要素所創造出來的，那就是適當的腳步、精準的手部技術，以及在行動過程中良好的心理素質與戰術，為了從你的對手中得分，這些都是必要的。得到慣用的武器和正確的距離基本上是重要的，因為擊劍的目標是以及時的手法精準的擊中對手，以武器的尖端（劍尖）在正確的距離中於對手之前擊中對方得分。在這本書中，將會不斷的要求確定你正確的距離。

選擇握把

選擇適合你的手的握把，是準確擊中的起點。法式握把和手槍式握把是最流行的兩種類型。法式握把為直線型，建議初學者使用。法式握把有助於初學者學習操控劍尖與手指，以及發展手部的力量（如圖示2.1）。

手槍式握把是適合於整個手握住的集團形狀，讓你能夠穩固的握住以及操控。每種手槍式握把都有些微不同的結構，但是設計上都是讓每個手指有特定的位置握劍。

法式握把和手槍式握把在握劍上都

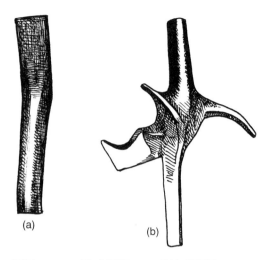

圖示2.1　(a)法式握把；(b)手槍式握把

有它的優點與缺點，手槍式握把會使擊劍運動在過程中更容易控制劍身，這也就是為什麼有至少90%的鈍劍運動員和大約70%的銳劍運動員會選擇使用手槍式握把。有些銳劍運動員會依據對手程度，選擇採用能夠使劍延長得較長的法式握把和手槍式握把輪流使用。

握住握把，但是不要握太緊，也不要握太鬆，這要看你持哪種握把去決定。現在你必須學會用正確的手指位置去操控劍尖和以適當的力量去握住劍的握把。在握把習慣上，從持手槍式握把改變成持法式握把是非常困難的，因此建議先從法式握把開始學習。如果以後喜歡手槍式握把再去作改變，這就像先學習手排車後再改成駕駛自動排檔的汽車一樣。

持法式握把的基本姿勢

拇指和食指捏住護手（劍鍔）後方的握把，將拇指放在握柄平面與側面交接處，但不接觸到護手，如圖2.1。其餘三個手指以圍繞方式握住握把，握柄的曲線對著（貼著）手掌心，握把的終端要和手腕接觸，使劍和前手臂連結形成一直線。

擊劍運動時必須用手指精確的操控劍尖作準確的移動，這就和控制手指的力量去書寫或繪畫一樣。持劍時的位置稍微轉出，右手的擊劍運動員拇指轉向靠近1點鐘方向，左手持劍的擊劍運動員則靠近11點鐘方向。

法式握把除了前述握法外，為了保持獲得額外的距離，有兩種前述方式相同的握劍手法可供選擇，還有是手向後滑到握把的柄端，直到所握的地方保持在握把最後8至10公分的位置。在這個位置上，你可以獲得幾英寸的距離優勢，但也會失去一些力量和操控性。你也可以採取以食指沿著握把一側延伸的方式握法式握把，這種握法也幫助一些人可以更容易的控制劍尖，同時還能得到額外的距離。

圖2.1　成功的關鍵

法式握把

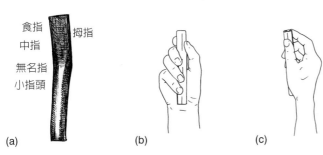

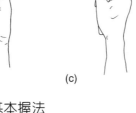

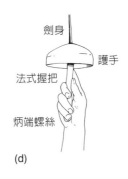

食指
中指
拇指
無名指
小指頭

(a)　　　　　　　(b)　　　　　　　(c)　　　　　　　(d)

劍身
護手
法式握把
炳端螺絲

法式握把的基本握法

1. 拇指和食指捏住護手後面的握把_____

2. 其他三個手指環繞握把握牢，但不要太緊_____

3. 手腕部微微旋轉，使拇指位置朝向1點鐘方向_____

4. 用拇指和食指末端（指尖）操控握把_____

法式握把的選擇握法

1. 假設基本的位置_____

2. 將手滑向握把最後8到10公分的位置_____

3. 食指沿著握把柄的側面延伸，以便更好控制_____

持手槍式握把

　　手槍式握把讓每個手指都有特定的指槽，拇指部位的握把設計有一個在拇指前上方向後略微彎曲的側頂，握把朝向劍身與劍尖的方向。拇指和食指先捏住兩指之間的握把，其他手指的位置如圖2.2所示。

　　握住並用食指、拇指和小指緊密的操縱手槍式握把，兩個手指（拇指和中指）之間的部位是用來幫助維持控制劍，兩個手指間（拇指和中指）不要握得太緊，以免對其他手指和手腕造成活動上的阻礙。

圖2.2　成功的關鍵

手槍式握把

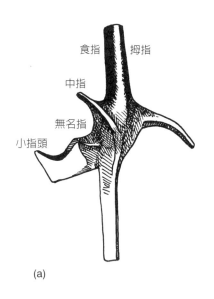

食指　拇指

中指

無名指

小指頭

(a)

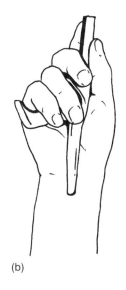

(b)

(c)

手槍式握把的基本握法

1. 拇指放在握把的頂部＿＿＿＿＿
2. 食指在彎曲的握把底部＿＿＿＿＿
3. 拇指和食指壓縮在握把之間＿＿＿＿＿
4. 將其他三個手指放在手槍握把專屬的地方＿＿＿＿＿

準備練習標靶

在這個步驟中，將會使用到練習標靶、一面鏡子和訓練夥伴，這樣做是為了讓你能夠一次又一次的刺中目標，直到你能夠感覺到在適當的距離可以穩穩的刺中標靶。你必須努力的擊中足夠壓下銳劍750公克和鈍劍500公克的標靶。鏡子可以讓你看到你的行動，並幫助你正確執行。你的訓練夥伴可以幫助你學習如何擊中真實的有效區，這種訓練計畫不是靜態的，也不是在平面中進行。

在練習這個步驟之前，需要先準備一個標靶。標靶應該是一個約20×30公分的矩形。這個標靶可以是一塊木頭、覆蓋有橡膠的軟墊、皮革或其他耐用的軟性材料。標靶一般會從場地中心的地面算起，牢固的安裝在高約120至140公分的牆上。當然，安裝高度可以依據你的身高決定。在定標靶位置時，可以從起勢姿勢中，肩膀和手臂與武器延伸的水平線在同一個高度上，靶的中心則在食指、中指、小指、無名指、拇指的水平線上。

延伸

抬手並使手肘部位伸直，馬上延

伸手臂，直接用劍尖刺中標靶，並不要挽住（扣住）手肘部位，用武器（劍）的尖端（劍尖）擊中與肩同高的標靶。鈍劍也應該用相同的水平高度以劍尖刺中標靶。但比起銳劍來說，劍尖擊中標靶應該略高。保持軀幹不動，腦海集中在一件事上，那就是如何讓你的劍成為身體的一部分。手臂是自然伸展後延續的一部分，你應該是握劍使劍尖朝向標靶，而不要用戳的或衝向標靶。擊中目標後，保持你的姿勢一會兒，然後回到起勢姿勢，慢慢的作準備。在這個過程中達到視覺上的記憶。從起勢姿勢到擊中標靶的適當距離與技術是很重要的。

如何擊中目標

自己以起勢姿勢站在標靶前面的位置，此時要保持後手臂處在輕鬆的姿勢上，才不會造成肩膀的緊張，如圖2.3（圖2.3(a)顯示的是鈍劍的起勢姿勢，(b)顯示的是銳劍的起勢姿勢）。延伸你的手臂，同時保持好持劍，無論從標靶移動或離開，都要確實保持肩膀和頸部的放鬆狀態。用雙腳移動，調整到當你的劍尖在擊中標靶時仍然有足夠的動力稍微彎曲劍身向上的距離（圖2.3(c)顯示了鈍劍的延伸，(d)顯示的是銳劍

的延伸）。這個距離就是你的延伸距離，也是在擊劍時和對手之間的距離。只需要延伸手臂就能夠擊中對手特定目標區域的距離，又稱之為延伸距離。刺靶時不要推著劍並向前傾，保持身體的直立和放鬆，這樣才能夠嚴格有效的訓練到手臂。

擊中標靶後，回到起勢姿勢，這樣做可以放鬆你的手臂和劍。手臂和肘部稍微彎曲（鈍劍三分之一的伸展，銳劍三分之二的伸展），此時，銳劍前手臂應該是和劍保持與地面平行，但鈍劍則比平行稍微上揚一些。前手臂和劍與肘部呈直角並延伸到劍尖，肩膀和頭保持在後面並向下放鬆。

目標重點

專心和精確的進行練習，可以幫助你未來在擊劍運動上的發展獲得效益，而忘記目標比沒看到目標更糟糕。從較短周期的延伸測試開始，可以提高你的專注度。先在5次的延伸中完全專注於任務上，然後再增加次數，以作為專注能力得到改善與提升的訓練。

在你以這本書進行練習之前，希望你在執行每個動作前，先閉上眼睛想像動作的樣子，透過想像去感覺它、看到它，並藉由身體去複製這些影像。

圖2.3 成功的關鍵

擊中標靶

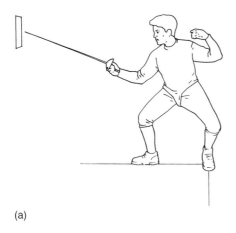

(a)

(b)

準備

1. 從標靶延伸距離做起勢_____

2. 保持劍與劍尖、肘、肩、髖、膝和前腳在垂直的同一平面，直接面對標靶_____

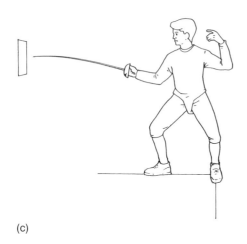

(c)

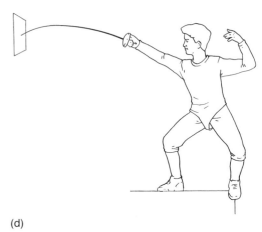

(d)

執行

1. 劍尖對準標靶移動_____
2. 眼睛看著標靶，下巴微微上揚_____

3. 延伸手臂，以劍尖按壓標靶，使劍尖微微向上彎曲_____
4. 鈍劍劍尖與標靶的接觸點應該比銳劍略高_____

恢復

1. 返回起勢姿勢，如圖(a)和(b)_____
2. 保持劍尖直接對著標靶_____

成功的阻礙

正確的刺中，需要正確的技術在適當的距離與正確的時機中執行。

錯誤	修正
1. 太難以擊中	1. 不要用撞擊方式或用軀幹去刺目標。
2. 失去目標	2. 先從劍尖開始，將劍尖向前，保持眼睛看著標靶。不要閉上眼睛。
3. 肩膀繃緊、提高	3. 保持肩膀放鬆和向下。
4. 手腕彎曲	4. 保持手腕平直，劍與手臂在同一個水平線上。

手部動作（手法）跟腳步的移動一樣都是非常重要的，你必須能夠感覺到擊中。透過標靶練習、鏡子和你的訓練夥伴，以完美的動作去感覺你的刺擊是否擊中。在這個步驟中，將要專注於隔離手部動作，用有限的腳部移動，建立必要的肌肉記憶，讓手部能夠憑本能地向前，進行刺擊。

擊中目標練習

這些練習的目的是幫助你感覺和控制劍尖，你的手臂位置、劍、距離變得更熟悉，以及如何在肩膀沒有緊繃的狀態下延伸你的手臂。

以起勢姿勢，在距離標靶較遠的延伸距離，不要傾斜身體去得到正確的距離，用劍的劍尖去擊中標靶。你的武器在擊中時應該略微彎曲，保持腕、肘、肩、髖、膝和前腳在同一個垂直的平面上。

在所有的練習過程中，和你配對練習的夥伴必須使用相同劍種。兩個擊劍運動員在每次劍術課程練習前必須先敬禮，並將面罩戴上。

1. 鏡像

採取起勢姿勢，持劍面對鏡子。鈍劍的劍尖必須比護手高，銳劍的劍尖則和護手頂部呈水平。鈍劍和銳劍這兩種武器，必須確保從劍尖到手肘形成一直線（不要在手腕處造成劍與手肘產生角度）。

延伸你的手臂並朝向鏡子。當手臂和劍定位後，你會發現前手臂在鏡子中看不到反射，這是因為它被護手盤遮住了。要記住這個位置。閉上眼睛，降低你的劍尖，把劍刺在地板上再回到起勢。睜開眼睛和檢查你的位置，但是不要去做刺擊。這是為了要確認離開鏡子的距離是否足夠你延伸手臂。要小心在鏡子中的影像是虛幻的。事實上，你的延伸可以達到更遠的距離。

練習閉上眼睛和放下劍，然後再重新提高劍身，前手臂和劍停留在一直線上。

🎯 成功的目標 ＝ 連續做10次正確的
姿勢_____

✔️ 成功的檢核
・前臂隱藏在護手盤背後_____
・手臂返回起勢姿勢_____
・肩部放鬆，頭部微微上揚_____
・肘部穩定_____
・保持手腕平直_____
・保持身體靜止_____

📈 為了增加難度
・閉上眼睛，移動手和手臂微繞一
　個圓圈之後回到起勢姿勢。睜開
　眼睛，檢查自己的姿勢。
・將劍放置在地板上，再將劍撿起
　來回復到起勢姿勢。

為了降低難度 📉
・請站在你面前的夥伴評論你，
　替代鏡子的使用（注意不要去刺
　擊你的夥伴）。你的夥伴站在距
　離你前面大約3至4公尺的位置，
　他可以告訴你，你的動作是正確
　的，還是必須做怎樣的修正。

2. 延伸到標靶

　　這個練習的目的是刺擊目標時需具備的精準度，所以這個練習不能操之過急。
練習中需要專注於技術，充分感受運動中的機動情形，並在擊中標靶時讓動作達到
最高點。

　　以起勢姿勢延伸距離對著標靶做10次刺靶，要求自己刺中靶的中心位置（如下頁
圖(a)和(b)）。做順手的延伸，在速度上大約是像去撿起一枝鉛筆一樣不快也不慢的
速度。

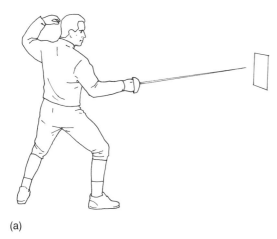

(a)

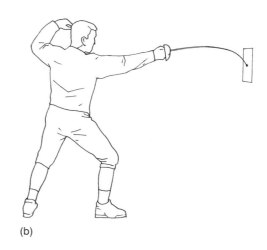

(b)

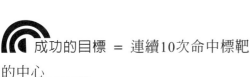 成功的目標 = 連續10次命中標靶的中心_____

 成功的檢核

· 放鬆肩膀_____

· 劍尖刺壓標靶_____

· 加速到標靶_____

· 僅移動你的手臂，不要讓身體的任何其他部分移動或轉向擊中標靶_____

為了增加難度

· 擺出較低像坐著的起勢姿勢（曲膝讓上半身下沉）。

· 快速順手延伸。

· 不要在擊中之間停頓，動作不間斷，但也不能像炮火般急遽。

為了降低難度

· 緩慢的延伸。

· 設置連續2次命中標靶，然後提高2次，直到你達到連續10次擊中標靶。

3. 垂直面的擊中

從標靶處探延伸的距離作起勢，然後彎曲手臂，讓劍尖朝向天花板（劍尖朝上），再降低劍尖到劍尖對準標靶，然後延伸手臂刺擊標靶，接著回到起勢姿勢。在不移動手肘的狀態下將前臂伸直，讓劍尖斜指向地板，然後抬起劍，直到劍尖對準標靶，延伸手臂和劍擊中標靶的中心。

 成功的目標 = 從每個位置擊中標靶的中心10次_____

✔ 成功的檢核

· 保持手腕平直和穩定劍的姿勢，使手肘、劍和前臂形成一直線_____

· 緩緩前行，使劍尖擊中和擊中後的按壓精確_____

· 不要隨意移動你的手肘_____

為了增加難度

· 快速延伸，加速擊中標靶。

· 閉上你的眼睛。

· 在擊中與起勢姿勢之間停留，不要伸直，也不能放鬆雙腿。

· 在不同的指定區域擊中標靶。

為了降低難度

· 緩慢的延伸。

· 擊中後，保持劍尖停留在標靶上至少2秒鐘。

4. 水平面的擊中

　　把編上數字的標靶放置在四個角落（位置如下頁圖），從左上角的標靶開始，以順時鐘的方向：如下頁圖4，6，7，8（概念上具有分位的意思），以起勢面對標靶，保持前臂和劍與手肘以下稍微朝向自己的身體。開始進行手臂與劍的延伸，用劍尖去擊中標靶的中心。在延伸的過程中先直接持劍用劍尖去刺左上角的標靶，然後回到起勢姿勢，再重複這個步驟去刺其他角落的每一個標靶。

　　這個練習可以和夥伴一起完成，練習時先以起勢姿勢和夥伴間取得你的另一個延伸距離，並在夥伴的護身外套上（教練服）用粉筆標記上編號，延伸刺擊時採取順時針累進的方式擊中每一個號碼。

(a)

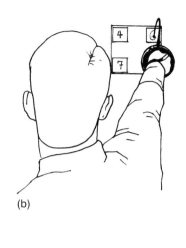

(b)

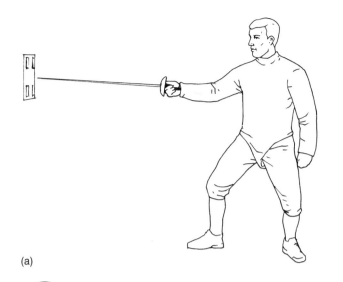 成功的目標 = 每個角落的標靶擊
中10次_____

✔ 成功的檢核

· 保持手腕平直和穩定_____
· 向前精確的按壓劍尖_____
· 以手指調整劍尖_____

■▪ 為了增加難度

· 快速延伸，加速擊中標靶。
· 自己叫出要擊中的號碼後，開始
  延伸去擊中。
· 重複前進距離的前進。
· 讓你的夥伴叫出你必須要擊中的
  號碼後，你開始延伸去擊中這個
  標靶。

為了降低難度 ▪■

· 緩慢的延伸。
· 叫出號碼前，你先做好延伸。
· 劍尖對準你選擇要擊中的角落後
  再進行延伸。

5. 快速點擊

　　這個練習的目的是幫助你學習刺擊和迅速放鬆你的手臂，使手臂柔軟、不僵
化。這在鈍劍是必須的根本，在銳劍也是非常重要的。在這個練習中必須快速連續
擊中標靶的中心2次，擊中相同的位置3次之間應該在1/3秒內完成。這個時間接近快
速的在門上敲打2次的時間。你的手臂在2次的擊中之間不必回到起勢姿勢，只是手
臂要放鬆，讓劍尖離開標靶幾英寸，然後再流暢地完全伸展去擊中標靶。

成功的目標 = 10次之中連續3次擊中標靶中心_____

成功的檢核

· 保持雙肩放鬆_____
· 保持平穩的延伸、不衝打_____
· 保持身體穩定、協調_____
· 銳劍擊中時，稍微抬高護手盤_____

為了增加難度

· 用前進步法和延伸手臂去擊中標靶。
· 與夥伴一起練習。
· 夥伴要求單擊或連擊。
· 夥伴選擇要求你進行單擊或連擊後，你開始進行延伸擊中。
· 改變節奏，增加第三和第四擊中。

為了降低難度

· 慢慢的擊中。
· 每個擊中後停止。

6. 螺旋命中

在起勢姿勢上，用劍身在劍尖部位做出五個對著標靶順時針的螺旋圈圈。繞圈時要限制自己手腕的運動，用手指去運作，使圈圈盡可能的小。繞圈之後再完全延伸擊中標靶中心。順時針繞圈擊中標靶之後，比照這個方式以逆時針繞圈再擊中標靶中心練習。

成功的目標 = 從順時針和逆時針螺旋繞圈連續10次擊中標靶的中心_____

成功的檢核

· 肩膀放鬆_____
· 使劍身連續平穩的運動_____
· 銳劍方面，擊中標靶時稍微提高護手盤。鈍劍方面，保持劍尖和護手盤呈水平_____

為了增加難度

· 以前進步法做螺旋繞圈。
· 在擊中標靶之前做3次順時針與2次逆時針螺旋繞圈。
· 做更小、更快的繞圈，直到完全伸展擊中標靶為止。

為了降低難度

· 擊中目標之前，降低螺旋繞圈2次。
· 做繞圈的時候可以不用延伸手臂。當完成了需要做出圓圈的數量之後，再延伸手臂去擊中標靶。

7. 移動的目標

由於在比賽中，你的對手不會站在那邊等你攻擊，所以能夠擊中一個會移動的目標就變得非常重要。這次訓練的不僅僅是手，還有眼睛。你必須在規定的時間內，以正確的距離做出完全的延伸，直接準確的擊中在你面前的標靶。

以繩子從天花板上懸掛一個連接在繩子上的高爾夫球或網球，球的高度應該在你起勢姿勢時手與劍延伸的高度。

將球的位置放在起勢延伸的距離，輕輕的將球推向兩側搖擺，採取不移動腿或轉移中心的姿勢，延伸手臂和劍，以劍尖反覆輕輕的擊球。

 成功的目標 =

· 連續擊中球5次_____

· 計算在1分鐘內可以擊中的次數_____

 成功的檢核

· 放鬆肩膀_____

· 保持身體處於良好的起勢姿勢_____

· 保持劍尖接近球，並輕輕的擊中球_____

· 保持你的眼睛看著球_____

· 不要用你的身體去擊球；保持身體穩定，簡單地延伸手臂去擊球_____

· 順暢地延伸，而不是去衝擊球_____

為了增加難度

· 用前進步法去擊中球，不過劍尖要先起動。

· 使用較小的球。

· 增加連續擊中的次數。

為了降低難度

· 使用大球。

· 不要擺動球。

· 每次擊中球後便停止。

單元二　擊中目標：判斷適當的距離

33

8. 運動目標II

　　採取起勢姿勢守在靜止目標的延伸距離前,讓你的訓練夥伴保持手套高於標靶中心約15至20公分的狀態(如下圖(a))。當你的夥伴將手套落下時,你必須用刺的方式將落下的手套釘在標靶上。你可以畫出框線或塗上彩色的區域(如下圖(b))。當你在標示區域中越高的位置越快釘住落下的手套,表示你有很好的劍尖和獲得更多的分數,此時你必須放鬆,專注於手套跟周圍的視覺。

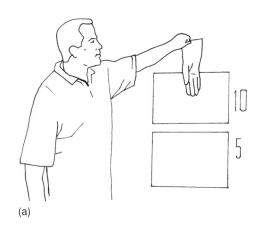

(a)

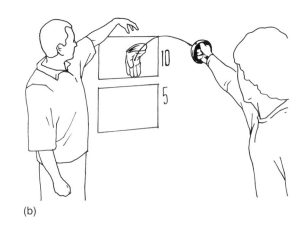

(b)

成功的目標 = 在手套落下時,10次中有5次刺中並釘在標示區＿＿＿

成功的檢核
- 放鬆並保持身體穩定＿＿＿
- 專注於先移動劍尖＿＿＿
- 銳劍在劍尖擊中的瞬間,稍微提高護手盤＿＿＿
- 不要直接看著手套,要應用周圍的視覺＿＿＿

為了增加難度
- 夥伴持手套時,位置較低。
- 夥伴落下手套之前做假動作。
- 夥伴跟你聊任何東西,只是為了讓你分散注意力。
- 在距離標靶前面較遠的距離以起勢前進,夥伴將手套拿得更高,但你必須提前到達目標,刺中並釘住手套。

為了降低難度
- 夥伴將手套拿在標靶以上更高的位置。
- 夥伴在落下手套前給出信號。

成功擊中標靶小結

　　當你一直在練習控制武器的劍尖和正確的延伸手臂時，這些都是成功擊劍的關鍵因素。你能夠越早完美、平穩、快速、輕鬆的做手臂延伸，你擊中標靶時就會有更多的成功機會。擊劍運動只有劍尖擊中的獎勵，而沒有對劍尖風格作獎賞，所以準確的控制劍尖是刺中對手的關鍵。在這個步驟中，提供了許多練習方式作為準確性和一致性的訓練，練習時儘量能夠每天都提高1%，這樣你將會具備刺中目標的速度和準確性。

　　回到單元一，用你的武器（劍）和夥伴做步法練習。

單元三　伸手、長刺和恢復：發動擊中你的對手

在世界擊劍錦標賽中，你會看到許多涉及多種步法和手法且非常複雜的行動。但是在絕大部分的擊中中，最基本的行動是以伸手開始進行劍身運動，搭配長刺作為發動擊中對手的步法。從長刺中恢復則是非常重要的，這樣，你就不會因為先前做出的進攻沒有成功而被對手得分。伸手這個動作可以作為直接的攻擊，也可以作為更複雜攻擊的第一個步驟，更可以作為伴攻的開始。事實上仍有無限多的動作組合，但動作上並不會受到難度和級別的限制，這些都可以從基本的演練來建立。但請記得，你擊中對手並不會因為劍尖風格或難度而使得分加權，鈍劍的得分是在你先擊中對手，也可能在你有優先權的情形下，就算對手先擊中你，但是你還是能夠得到分數。如果是你發動攻擊或最後階段敲擊劍身，你還是會獲得優先權。整體來說，如果情況許可，你大多數得分都

用最簡單的移動就獲得優勝，那才是最成功的。而直接伸手是大多數鈍劍和銳劍刺中得分最基本的原則。

要記住，當你做出伸手和一個長刺，一旦開始發動一個完整的長刺，就是要達到擊中。在整個長刺的過程中，不要試圖去做第二個推測和修正這個長刺。但是在每一次的刺擊之後，你需要去認清哪一個地方是你需要去要求提高的：在過程中檢討與分析，我完成擊中得分（失誤）是因為我的時機、距離或是技術？如果是技術問題，這是劍身的操作、步法或兩者都有？如果是戰術問題，我選擇動作的原因是從我的動作、距離還是從時機？我失誤了，因為它是個錯誤的瞬間，還是我刺擊在優先權的瞬間？這種快速的分析是有利的，而且可以在你的生涯中繼續幫助你改善擊劍的技術。

為什麼長刺和恢復很重要？

　　學習長刺和恢復的目的，是讓你能夠應用這些技術積極的去攻擊對手和達到擊中對手的目的。雖然前進、後退、彈跳提供給你必要的機動性，讓你在適當的距離擊中對手，這需要一個快速、果決傳遞的機制，最常用的手段是長刺。長刺可以支撐你用很大的速度做很長距離的攻擊，但也會造成把你留在不動的姿勢上，而這個姿勢會造成難以防守的狀態。所以，長刺之後的恢復是必要的補充，如此才可以避免在進行攻擊後如果沒有擊中對手，反而造成被擊中。恢復可以迅速的把你帶回到起勢姿勢，這在單元一中已經學過的移動，移動可以從後面產生距離或帶你脫離危險，讓你試著再進行另外的刺擊。

如何執行直接伸手（直接攻擊）

　　直接攻擊在鈍劍和銳劍一樣都是最簡單、最快速、最有效的攻擊，擊中是經由放鬆肩膀緊急伸手推劍，以劍尖去擊中目標（如圖3.1(a)和(b)）。

　　直接伸手可以是最初的動作或是反應對手的動作。直接伸手的動作是透過持劍手臂的延伸，以劍尖對著對手任何有效部位瞄準，執行時可以配合各種腳步進行，但必須確定你的對手有多遠、

圖3.1　成功的關鍵：直接伸手（直接攻擊）

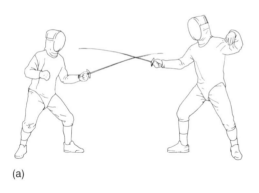

(a)

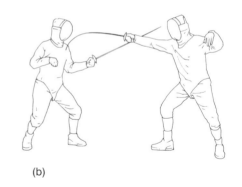

(b)

準備

1. 從起勢位置，以腳步去引導到可以用劍尖向對手做出延伸或長刺的距離。延伸距離是指手臂只做簡單的伸展就可以擊中對手的距離，長刺距離是指可以用長刺擊中對手的距離＿＿＿＿

執行

1. 放鬆肩膀＿＿＿＿
2. 保持你的眼睛看著預定的目標＿＿＿＿
3. 伸手：完全的伸出手臂＿＿＿＿
4. 堅決的擊中對手預期目標＿＿＿＿

跟進

1. 恢復到起勢姿勢，眼睛仍然停留在目標上＿＿＿＿
2. 手臂要恢復到四分之三的延長＿＿＿＿

從什麼部位、方向。對手移動的時間，決定向前或後退伸手攻擊。直接伸手可以採單元一中或以長的腳步發動長刺或飛刺（在單元九會說明）擊中對手得分，在鈍劍為軀幹部分，銳劍則是對手身體上的任何部分。

成功的阻礙

這個階段的關鍵因素是在正確擊中前、中、後的平衡姿勢與放鬆技巧，分析你對於錯誤做了什麼正確的改善。在每一次的刺擊後只選擇缺失，以作為提高以後每一次的刺擊練習的改進要項。伸手這個動作的要領是果斷的伸展手臂，而不是去衝撞。

錯誤	修正
1. 肩膀提高和緊繃。	1. 讓肩膀放鬆下沉。
2. 在延伸期間，軀幹向後或向前傾斜。	2. 保持軀幹只有微微向前傾，手臂延伸，軀幹仍然保持平穩。
3. 護手盤下滑，伸手不夠積極，手臂和劍沒有形成一直線。	3. 用大拇指、食指和小指穩穩的握住劍，微幅提高護手盤向前推，使劍尖前往目標。保持手腕穩固筆直，在握把的第二和第三指也要握緊。法式握把則保持柄端在手腕上。

長刺（Lunge）

長刺在前進中涵蓋了比較長的距離。長刺是藉由雙腿機動運作作為發動攻擊的手段。在長刺時（很短的瞬間），劍身可以在長刺的前、後期間內做出許多不同的動作。

從長刺恢復

恢復或後續階段（跟上）對擊劍來說是非常重要的。在這個階段中，將可以為自己爭取到下一個動作的準備。長刺之後需要向前或向後立即回復到起勢姿勢，並為下一個行動做準備。

何時該使用長刺

使用長刺的距離是在當你不能以單一的前進就能夠用你的劍刺到對手，但是你卻能以2個前進距離就可能以劍尖擊中對手時。在對手用腳採取向前移動時，就是你發動直線進攻的最好時機；或當你的對手向前移動且在他的腳剛離開地面，而這個距離又剛好是在你的長刺距離內時，就是使用長刺的好時機。所以，當你的對手向你靠近而不是移動遠離你時，要很快的出現長刺。長刺通常都會被以相同的速度行進，但在進行刺擊時，運作的速度會快很多。如果你攻擊的對手是站著不動或是向後撤退，

這時，對手對你的攻擊所能做出的反應時間，你就會比兩個比賽對手都朝著對方移動所能做出來的反應時間更為充裕。這就如同兩部急速奔馳的汽車，如果都是朝著對方的同一個方向前進，它們將會出現對抗而造成快速的撞擊，兩部車撞擊後就會停留在原地的邏輯是一樣的。

如何執行長刺

要執行長刺必須先處於起勢姿勢（如圖3.2(a)）。長刺其實只是前腳一個長的腳步，後腳並沒有順著跟上。做長刺動作時，先抬起你的腳趾，當前腳仍在空中時，延長前腳膝蓋與應用後腳的推蹬向前一步，以前腳的腳後跟先著地（如圖3.2(b)）。後腳是長刺的力量來源。後腳在長刺時可以向前滑動，但是要儘量保持三到四分之一的平直，僅容許後腳小腳趾那側與地板微微脫離，不能讓後腳踝關節放鬆而造成朝向地面壓陷，並以後腳的腳前掌和足弓穹保持地板的壓力。如果你強迫後腳停留在地板上不讓腳滑動，你的長刺將無法比你的腿更長，這是一個嚴重的缺失。在長刺時，後腳應該要完全的伸展。簡單的說，以前腳腳跟輕輕地落到前方的地板（如圖3.2(c)）。前腳的腳跟先接觸到地板，在接觸的瞬間，腳底立即向前滾壓在地板上。長刺動作結束時，膝蓋停留在鞋帶的上方（如圖3.2(d)）。當長刺完成時，身體微微向前傾斜，下巴略微上抬，背部挺直，肩膀和臀部與地面平行，身體仍然處於放鬆狀態，因為緊張的身體無法做出迅速的反應。

如果你是第一次做長刺，長刺的距離不要超過你身體能力的一半，大約在三到四分之一，所以伸展操在練習長刺前是非常重要的。最容易在擊劍中造成撕裂傷的肌肉群位於大腿內側和後面，因為那些在長刺時被拉伸到最大的肌肉群非常的脆弱。

用正確的方法做短長刺比用錯誤的方法做很遠的長刺更有效，因為不正確和失去平衡的長刺將會讓你處於劣勢，使你很容易就被對手擊中。

在長刺期間，後面的手臂不會妨礙到身體的平衡是重要的。在長刺時，你的後臂應該要延伸到後腳腿部，同時後手臂應該與肩部和臀部保持在一直線上，以免身體為了補償不正確的位置或運動而導致扭曲。拇指應該朝向天花板，並與其他手指分開而且要放鬆。

持劍手在長刺時，典型的動作如下：劍尖先啟動，移動前面的手臂（持劍手）開始延伸到目標，手臂延伸結束就是劍尖刺中目標，也是之前前腳所在的位置。長刺發動之後開始伸展，不過在這之前，手臂已經完全伸展（先伸手）。這個先伸展持劍手的動作，也提供了原動力直到長刺延伸結束。在發動長刺後，直到劍以劍尖達到目的地（最遠端或刺中或預設點），前腳不著地，不過這點並不容易做到。在長刺時，手臂的延伸和時機有許多的組合，但在這裡所說明的是不能缺少的基本，好手要

先學會這個，其他的可以納入作為你在擊劍比賽中的風格和發展自己的實力，當然也會使你顯現出弱點。在鈍劍中，重要的是你要確保攻擊權，你可以率先發動攻擊或敲擊劍身而獲得攻擊權。在銳劍來說，重要的是你必須先擊中對手，而且是在對手立即跟隨著擊中你之前至少1/25秒前擊中對手。

長刺成功的阻礙

長刺錯誤的發生跨越了所有不同水平的擊劍運動員，即使是一些世界級的擊劍運動員也不能從錯誤的長刺中得到充分好處，因為錯誤的技術：前腳提高太多造成重心在頭部後面，或身體向前跨而影響快速恢復。在試圖去做出一個成功的遠距離長刺時，常常會因為長刺太遠而使身體失去平衡與水平視覺而造成心理障礙。正確的技術並不困難，只是每天練習基本技術和不惜一切犧牲就是為了試圖得分。努力於平衡和精準度控制，這將會使你的擊劍生涯獲得連貫的成功。

錯誤	修正
1. 提高膝蓋長刺，衝撞了腳趾。	1. 抬起腳尖稍微向上，前腳向前踢和長刺時腳後跟離地；充分達到向前伸展前腿。
2. 重量先轉移到後腳以後再提起前腳。	2. 稍微壓身體前傾在大腿上方，確定後腿彎曲、臀部下壓，這是讓你能夠準確推蹬後腳的必要姿勢。以前腳踢出，不要試圖去獲得更多的距離或動力，這些技術將來都會學會。
3. 長刺完成時，身體向前傾斜太遠。	3. 長刺期間保持頭部直立，看來就像在目標的前面，擊中後保持背部挺直、雙肩水平、後臀部向下壓，同時保持下巴對準目標並與地面平行。
4. 長刺前、中或後提高後臀部高於前臀。	4. 降低重心；壓後臀在長刺和恢復過程中對著地板。
5. 長刺時沒有以後腳推蹬和彎曲膝蓋後部。	5. 伸展後腿，按壓讓腳拇趾後方那塊凸起的部位（種子骨下方）和足弓跟地板接觸，保持停留在膝蓋後方一個短暫的伸展時間。

圖3.2　成功的關鍵：長刺

準備

1. 起勢_____
2. 延伸持劍手，肩膀保持水平_____
3. 手臂伸展出去_____

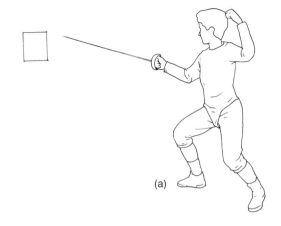

(a)

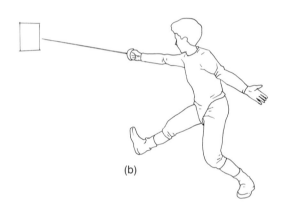

(b)

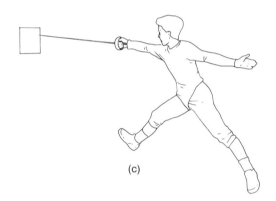

(c)

執行

1. 先提起腳趾，用前腳向前踢出_____
2. 後腿推蹬，前腿向前伸展_____
3. 前腳在腳跟和前腳掌著地時，後腳的腿部完全伸展_____
4. 前膝蓋停留在鞋帶上方_____
5. 後腳滑動，但保持在唯一的平面上滑過_____
6. 保持肩膀和臀部與地板平行_____

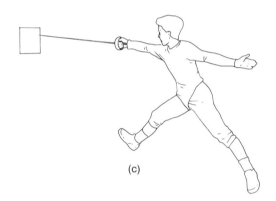

(d)

跟進

1. 將持劍手臂簡要的輕輕伸展，直到雙腿回到起勢姿勢_____
2. 恢復向前或向後的起勢姿勢（在圖3.3和圖3.4示出）_____

如何從長刺恢復

如果是要從長刺向前恢復，只要帶上後腳到起勢姿勢就行，動作時盡可能以身體最小量的移動（如下頁圖3.3）進行，肩膀和臀部保持水平。要特別注意在動作時，不要造成後面的髖部抬得比前面的髖部高。保持起勢姿勢時前腳的良好姿勢，並把後腳回復到起勢姿勢時後腳的位置，這時，後腳和前腳的距離恢復到正確的起勢姿勢。向前恢復長刺期間不要採取推回前腳的方式，但可以接受恢復爲起勢姿勢時，身體爲了承受體重而微微地向上推升，但一定不能搖晃（將體重從一腳轉移到另一腳時）。從長刺的恢復也涉及到雙手和武器，當進行恢復動作時，後手回到起勢姿勢的位置，持劍手手臂放鬆，手肘彎曲回到起勢姿勢。

向前恢復成功的阻礙

在向前恢復中，最常見的共同問題是許多擊劍運動員認爲長刺結束就是整個動作的結束，也同時結束了他們的注意力。從長刺中恢復跟長刺一樣的重要，因爲不是每一次長刺你都能夠得分。許多次之後就會發生長刺得分，或成爲你在得分上的原因。前進恢復可以充實專注到一個非常快速的平衡恢復，這樣可以幫助你未來在擊劍發展上達到另一個新的水平。

錯誤	修正
向前恢復	
1. 用前腳推回。	1. 保持膝蓋彎曲，身體略壓向前傾。前腳膝部保持在鞋帶上方。
2. 拉直腿。	2. 保持前腳膝部在鞋帶上方形成弓步，帶後腳向前，保持擠壓身體向前。
3. 雙腳併攏在一起。	3. 以較低的起勢保持膝蓋彎曲，快速移動後腳到正確的距離。
4. 低頭向前，抬腳時後臀部提高。	4. 保持胸部展開，不要讓眼睛離開目標，下巴微抬，保持挺胸抬頭。

圖3.3　成功的關鍵：長刺向前恢復

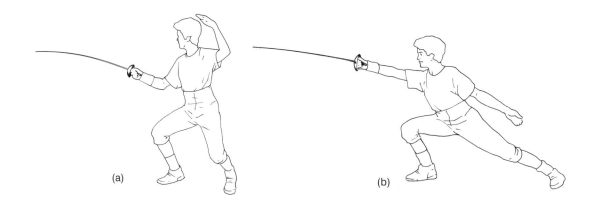

(a)　　　　　　　　　　　　(b)

準備

1. 起勢姿勢＿＿＿＿＿＿

2. 做短長刺＿＿＿＿＿＿

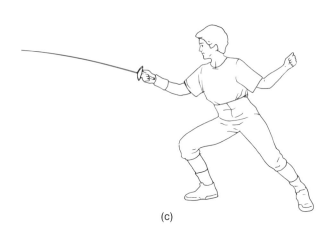

(c)

執行階段

1. 壓身體稍向前傾＿＿＿＿＿＿

2. 後腳迅速拉回與前腳以正確距離呈起
   勢姿勢＿＿＿＿＿＿

3. 手臂返回呈起勢姿勢＿＿＿＿＿＿

4. 保持臀部和肩膀平行＿＿＿＿＿＿

跟進

1. 現在你馬上成為起勢姿勢＿＿＿＿＿＿

2. 馬上做出2個後退腳步或前進腳步＿＿＿＿＿＿

如何向後收回長刺（弓步）

從長刺向後恢復必須先前腳離開，彎曲前腳後部膝蓋，臀部在較低的位置保持水平，並回復到起勢姿勢（如圖3.4）。體重必須平均分布，前腳以正確的距離縮回，以腳跟先著地，回復到正確的起勢。

保持身體稍微的擠向前傾，後手恢復到起勢姿勢，同時前腳收回，持劍手恢復到起勢姿勢後剛好在前腳的位置。

圖3.4　成功的關鍵：向後回復到起勢姿勢

(a)

準備

1. 起勢姿勢_____
2. 做短長刺_____

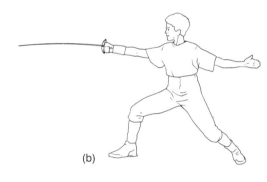

(b)

執行

1. 前腳向後推離原地，彎曲膝蓋後方，髖部保持水平_____
2. 將前腳收回來，整個腳著地_____
3. 前腳從後腳起算，收回到正確距離的位置_____
4. 將雙臂回到起勢_____
5. 髖部和肩膀保持水平_____
6. 頭部保持平穩_____

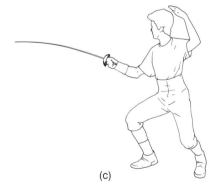

(c)

跟進

1. 你現在處於起勢姿勢上_____
2. 做2次後退或前進以確認你的平衡____

向後恢復成功的阻礙

在向後恢復中，最常見的共同問題是許多擊劍運動員認為長刺結束就是整個動作的結束，也同時結束了他們的注意力。從長刺中恢復跟長刺一樣的重要，因為不是每一次長刺你都能夠得分。許多次之後就會發生長刺得分，或成為你在得分上的原因。向後恢復可以充實專注到一個非常快速的平衡恢復，這樣可以幫助你未來在擊劍發展上達到另一個新的水平。

錯誤	修正
向後恢復	
1. 拖動前腳跟。	1. 採取抬起前腳，迅速「趴」一聲回到起勢姿勢。下巴抬起、背部挺直但微微拱起，做一個較短的長刺加強你的腿部力量。
2. 放下持劍手。	2. 恢復到起勢姿勢後，持劍手仍然保持伸展對著對手有效部位，完成彎曲持劍手手臂後一秒，保持劍尖在護手盤的上方。
3. 後腿保持得太直。	3. 後腿立即彎曲（想像坐在矮凳子上的恢復），以前腳向後推回恢復到起勢姿勢。恢復到起勢後，後腳膝關節可以做半圓運動，強化腿部和臀部區域。
4. 恢復時，轉移體重到後腳。	4. 保持下巴平穩，離開前腳，臀部保持在距離地面較低的位置，前腳快速的收回且要求不能帶動後腿搖晃，頭部和肩膀不要拉回來，頭部的位置仍然在臀部的前端。

伸手、長刺和恢復

練習

長刺是一個效率強大的進攻方法，而向前和向後恢復都具有非常大的防禦保護效果，以及為下一個進攻行動做準備。長刺可以做出比前進更大的距離，讓你快速的發動攻擊刺中對手；而恢復可以讓你在發生第一個動作沒有得分的任何可能情況下再做好準備。在練習動作時，謹慎小心慢慢的做好動作，可以透過鏡子來幫助你完善技術動作的精確性，讓你的速度、爆發力與技術都獲得完美的發展。

1. 長刺和後退恢復

以雙手插在臀部做起勢，腳踩在面對鏡子或夥伴的直線上，拿粉筆在以起勢姿勢面對夥伴的地板上畫出腳步的位置圖，做一個較短的長刺並畫出前腳落地的位置圖，目的是讓長刺更為完善。雙手保持插在髖部位置，讓你更加能夠專注於長刺的技術。

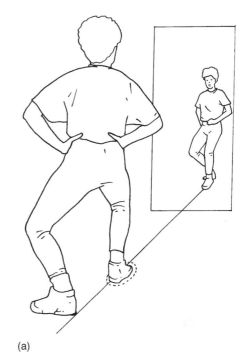

(a)

成功的目標 = 10次長刺和向後恢復到起勢，與腳著地踏在你繪製的圖中_____

成功的檢核：長刺
· 先抬起前腳腳尖_____
· 前腳踢出_____
· 後腿部猛力的推蹬並鎖定完全伸直_____
· 從腳後跟輕輕的往前滾壓，讓腳完全踩在地板上_____
· 保持前膝部在鞋帶上方_____

成功的檢核：向後恢復
· 彎曲膝蓋後方_____
· 前腳停止推蹬_____
· 保持在前腳再起勢姿勢_____

為了增加難度
· 放一袋豆子或一本書在頭上並做長刺，不要讓它們掉下來。
· 完成中間不休息的10個長刺。
· 在腳後跟下方放置一枚錢幣，以確定長刺進行時是否有先開腳尖。在做長刺時，你應該會把錢幣踢到好幾公尺遠的地方。
· 在地板上畫出短、中、長三種長刺時的三條線。中距離長刺和長距離長刺之間的距離不要增加太多。

為了降低難度
· 做非常小的長刺。
· 檢查每個長刺和恢復之後的姿勢，在每個恢復之後需要休息一下。

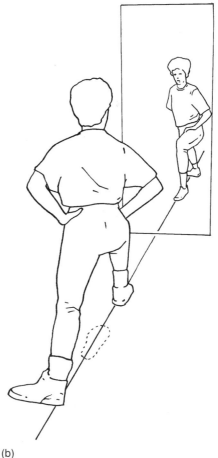

(b)

2. 長刺的準確性

測量與你在起勢姿勢時約與肩同高的地方，掛一個從天花板上垂掛下來的球，這個練習的目的在於使你在長刺的時候，你的手必須能夠輕鬆的受控制去做延伸而不是用力猛刺。如果你用力猛刺，將無法不斷的擊中球。

以長刺距離的遠度採起勢姿勢，持劍面對掛著的球，延伸手臂對著球做長刺。在前腳著地之前用劍尖刺中球，完成動作之後再回到起勢姿勢。在腳著地之前擊中球是非常重要的，因為在腳碰撞地板時，會因為碰撞的衝擊而對你的手臂和劍尖移動產生影響。

 成功的目標 ＝ 在10次的攻擊中能夠擊中5球_____

✔ 成功的檢核

· 放鬆肩膀_____

· 先起動劍尖，順利延伸_____

· 保持眼睛總是看著球_____

· 保持穩定和正確的劍尖_____

· 休息之前總是返回到起勢姿勢_____

為了增加難度

· 使用與網球大小差不多的球,在球上寫上編號或字母,叫出你所要擊中的數字或號碼。

· 在距離球與延伸距離的位置做起勢,延伸和刺中球。因為球會擺動而遠離你,所以做一個小的長刺再次刺中球。

· 使用小的球。

· 從一邊移動到另一邊的球(擺動中的球),在經過你面前時擊中它。

· 擊中擺動和遠離你的球。

為了降低難度

· 使用大球。

· 開始長刺時先延伸手臂。

· 縮短長刺。

· 消除其他移動,以前進長刺擊中。

3. 在正確的時間長刺

　　以起勢跟你的夥伴在短的長刺距離對面站好(如下頁圖(a))。你的夥伴先前進,你退後(如下頁圖(b))。之後你們兩個都先暫停,隨著你做延伸和長刺,擊中你的夥伴肩部區域(如下頁圖(c)),隨後回到起勢。再來是你前進,你的夥伴後退,接著兩個都暫停,之後由你的夥伴做長刺擊中你的肩部區域。

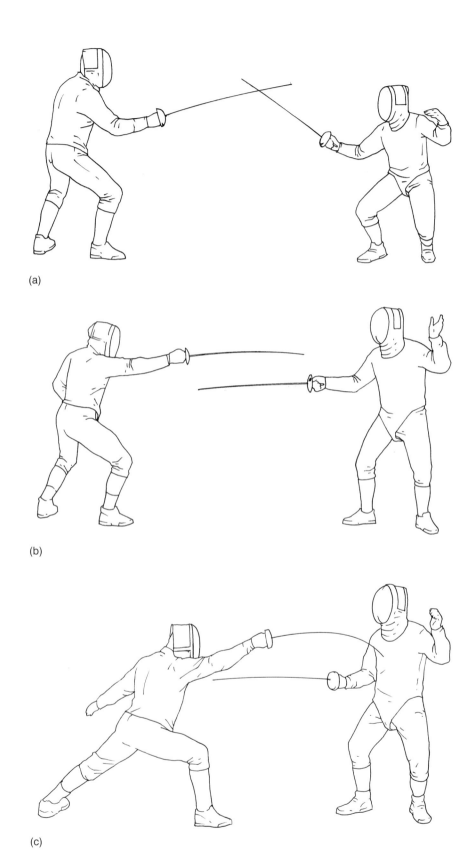

(a)

(b)

(c)

成功的目標 ＝ 重複這個序列的練習10次，並隨時保持好長刺的距離，過程中無須採取其他腳步調整距離。

✔ 成功的檢核
· 放鬆肩膀＿＿＿＿
· 跟著你的夥伴移動＿＿＿＿
· 保持低姿勢的起勢＿＿＿＿
· 先啓動劍尖＿＿＿＿
· 伸展後面的手臂＿＿＿＿
· 保持後腳的平面＿＿＿＿
· 保持腳在一個假想的直線上＿＿＿＿

為了增加難度
· 當夥伴要你長刺時，抬高後手作為信號。
· 當夥伴要你長刺時說長刺。
· 當夥伴要你做長刺時，彎曲他的手臂。
· 和你的夥伴一起移動，你做長刺前，前進2次、後退2次。

為了降低難度
· 不做腳步，從靜止的位置做長刺。
· 縮短長刺。

4. 隨著夥伴做前進長刺

以一個長刺無法擊中的距離採起勢面對你的夥伴，也就是說，你必須做出一個前進和一個長刺才能夠到達夥伴處，這就是所謂的前進長刺距離。你的夥伴前進2次、後退3次，但是你跟隨的只有前進2次。你的夥伴停止，這時你延伸持劍手並做出一個前進長刺，刺中夥伴肩膀區域，擊中後，你向後恢復並後退到你的前進長刺距離。

成功的目標 ＝ 重複這個動作10次，並且不能離開起勢姿勢＿＿＿＿

✔ 成功的檢核
· 放鬆肩膀＿＿＿＿
· 移動和保持與夥伴的距離＿＿＿＿
· 保持你的腳在良好的平衡下舒服的擺放著＿＿＿＿
· 伸展手臂以前，開始進行前進長刺＿＿＿＿
· 刺中的時候，劍往上彎曲＿＿＿＿
· 讓你的手臂延伸，直到完成向後恢復＿＿＿＿

 為了增加難度

· 在肩膀上畫定2個不同的識別記
  號,作為交叉擊中使用。
· 銳劍擊中大腿。
· 銳劍擊中二頭肌,夥伴的手臂彎
  曲。

為了降低難度

· 消除其他移動,以前進長刺擊
  中。

5. 以非常穩定的劍尖前進長刺

　　以從天花板上垂下來與肩同高的球為準,在一個前進長刺的距離以起勢站好,
延伸手臂以前進長刺輕輕的擊中球。不要猛力的去刺擊球,停留在弓步的姿勢上,
保持劍尖與球的距離,劍尖移動到剛好足夠讓你在球擺盪回來時,再用劍尖去擊中
球。你千萬不要用劍去撥弄球,還必須放鬆肩膀,保持劍尖的穩定,讓球擺盪回來
朝向你,使劍尖擺在球的路線上以便用劍尖擊中球。這次練習是比較不容易的,要
執行這個練習必須著重在放鬆與專注上。

 成功的目標 ＝ 嘗試在20次的長刺中，有超過8次能夠將球刺中並反彈出去_____

✔ 成功的檢核
· 放鬆肩膀_____
· 保持穩定的劍尖_____
· 檢查長刺的關鍵姿勢_____
· 做一個小的前進步法_____
· 休息之前返回起勢_____

為了增加難度
· 在20次的長刺中擊中15次，將球反彈出去。
· 以一個前進長刺去擊中球，動作後恢復到起勢並再來一次長刺。在整個練習過程中，前手臂（持劍手）輕輕的伸展。
· 在前進長刺之前先做前進和後退步法。

為了降低難度
· 用長刺擊球之後，從長刺向後恢復，恢復後手臂依然保持伸展並輕刺在擺動中的球，但是並不一定要刺第一個擺動回來的球。

伸手、長刺和恢復成功總結

　　伸手、長刺和從長刺中恢復是擊劍比賽的基礎，從攻擊中能夠測試你的攻擊和恢復反應能力與勇敢。伸手和長刺取決於你想要擊中對手的慾望，從長刺中恢復則必須依靠大腿的力量和心理的靈活性，恢復的能力還可以瞬間將攻擊轉換為防禦。身體的平衡和靈敏的反應能力是非常重要的，但要能夠成功，其中最關鍵的部分則是心理因素。

單元四 交劍和交劍的變化：與你的對手交劍

交劍時，劍與對手的劍的接觸是維持在輕巧但緊密的接觸。劍身在交劍中的變化是從對手劍身的一側，移動自己的劍身到對手劍身的另一側，但換側之後的交劍仍然是保持輕巧與緊密的接觸。在擊劍中，有效部位被區隔為四個象限，分別是內部位與外部位、高部位與低部位。當你在交劍中變化移動可以從內部位變成外部位，也可以從高部位轉換到低部位或綜合性的組合變化。所謂部位是依據你的對手劍尖對著你時，你的劍身和對手的劍產生交劍的部位，在這種情況下，你的劍將會隨著你想要啟動的部位用劍尖去對著該象限。在擊劍運動中，我們辨識的四個象限，分別是高外部位（6分位）；高內部位（4分位）；低外部位（8分位）；低內部位（7分位）。如果你的劍尖在腹部上方就表示你處於高部位，如果劍尖在腹部以下就表示你處於低部位。

為什麼交劍與改變交劍很重要？

交劍與改變交劍很重要，因為改變劍身接觸可以幫助你發展出準確的控制和劍身的機動性。你也可以採取改變劍身接觸去控制對手的劍身，同時避免對手的劍身阻斷了你的企圖。也可以從這個簡單的接觸動作去了解對手的回應是不是很大，透過劍身的觸覺去感覺到對手的緊張狀態。

有許多行動（攻擊和防禦）的發起和發展，都是從交劍的變化展開。交劍的變化可以用來擾亂你的對手，分散對手對你真正意圖的注意力或用來阻止對手的攻擊。同時，你將可以從對手發生細微失誤的時候找到方法。

在比賽開始的時候，一般都會和對手產生劍身接觸和改變劍身接觸去試探對手的反應，從測試中確定對手的速度和技術，或是藉由劍身接觸去了解對手是如何緊緊地握住他的武器。這將會提示你在對抗的過程中，選擇哪一種行動是最有效的。在這個步驟中，你將開始學習去「讀」你的對手。

如何做交劍和改變交劍（變更部位）中的高部位和低部位

以起勢面對夥伴（如圖4.1(a)）。在高部位做交劍，此時劍的劍尖必須比護手盤高，夥伴的劍尖也必須高於劍身（如圖4.1(b)）。從你在手臂伸展四分之三就能夠透過交劍而刺中夥伴的距離位置（如圖4.1(c)），夥伴的劍保持靜止不動，而你從夥伴劍身的一側慢慢且精準地移動劍身到另一側（如圖4.1(d)）。應用你的手指從夥伴劍身的下方移動劍尖改變交劍，而不是用手腕。要保持手臂和手腕的穩定，讓劍擊中劍身的運動幅度盡可能的小。明確的擊中在劍身的每一側，在每次劍接觸或劍身交劍時暫停。

在做低部位劍身接觸時，你和夥伴的劍尖都要低於護手盤（如下頁圖4.2）。保持相同的起勢和手都在低部位姿勢，接著將劍尖下降到護手盤下方，以劍尖輕輕地指向夥伴的大腿或膝蓋的方向。要改變在低部位的劍身接觸，將劍尖繞過夥伴的劍，從下方翻轉到夥伴劍的上方。開始去感覺你的劍尖就好像長了眼睛的手指，使你的劍開始有自己的生命，這時候會開始用觸覺去教育你的反射系統，會以某種方式對特定的觸覺刺激作出反應，這將會使得你的反應系統開始和決策過程同時動作，因此減少反應時間，將會使你在注意到之前做出正確的反應。

圖4.1　成功的關鍵

交劍和改變高部位交劍

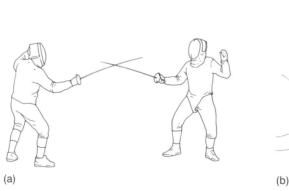

(a) 　　　　　　　　　　　　　　　　　　　　(b)

準備　　　　　　　　　　　　　　　　　　執行：交劍

1. 以起勢姿勢面對夥伴＿＿＿＿＿
2. 持劍手臂四分之三伸展＿＿＿＿＿
3. 保持劍尖略高於護手盤＿＿＿＿＿
4. 劍尖從夥伴劍身大約四分之一的位置
　 以繞下來的方式交劍＿＿＿＿＿

1. 與夥伴劍身接觸，暫停＿＿＿＿＿
2. 扎實的觸碰劍身＿＿＿＿＿
3. 返回到起勢，脫離交劍（劍身不接觸）＿＿＿＿＿

執行：交劍的變化

1. 與夥伴的劍身在一側接觸_____
2. 用一個很小的畫圓，從夥伴的劍身下方移動劍尖_____
3. 與夥伴的劍身在其劍身的另一側輕輕做劍身接觸_____
4. 護手盤保持靜止，只用手指移動劍身的尖端（劍尖）_____

跟進

5. 返回到起勢，脫離交劍（劍身不接觸）_____

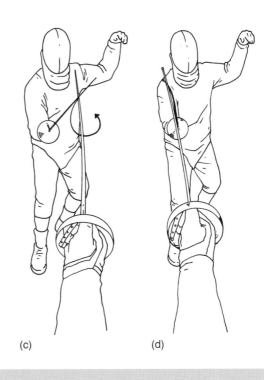

(c) (d)

圖4.2 成功的關鍵

交劍和改變低部位交劍

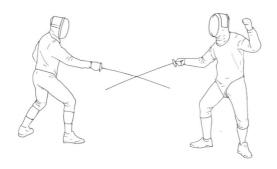

準備

1. 以起勢姿勢面對夥伴_____
2. 持劍手臂四分之三伸展_____
3. 保持劍尖低於護手盤_____
4. 劍尖從夥伴劍身大約四分之一的位置繞下來_____

執行：交劍

1. 你的劍身和夥伴的劍身輕輕地但確實地做劍身接觸_____
2. 暫停；收回武器並回到起勢_____

執行：交劍的變化

1. 在夥伴劍身的一側做交劍_____
2. 移動劍尖在夥伴的劍身上畫很小的圓圈_____
3. 輕輕地與夥伴在他的劍身的另一側做交劍_____
4. 護手盤保持平穩，只用手指移動劍身的尖端_____

跟進

1. 收回武器，回到起勢姿勢，不做交劍_____

成功的阻礙

碰觸對手的劍是極為重要的能力，尤其是鈍劍。以具有自信心的動作操作自己的劍與對手的劍身接觸，可以讓你放心且不用去擔心結果，並藉由劍的接觸獲得在劍道上移動的自由權和攻擊權（又稱為支配權或優先權，我們過去習慣稱為攻擊權，意義上完全相同）。如果你會害怕劍身的接觸，那將無法獲得放鬆與信心，而害怕更會在劍道上產生更多的問題。有一些擊劍運動員會因為被對手碰觸劍而造成分心，而練習交劍將可以讓你在劍身接觸上產生更多自信，同時也會幫助你學習如何去控制對手的劍。

錯誤	修正
1. 與夥伴的劍身接觸過於粗暴或改變交劍過於快速。	1. 先慢慢的移動你的劍尖繞過夥伴的劍，用手指移動劍尖。要慢慢的移動，然後改變分位。在接觸劍身時要去分析探討：「我從劍上學到了什麼？」
2. 在移動劍身時，手腕和手臂做出太大的圓弧。	2. 畫弧時儘量不要超過夥伴的護手盤，以手指操作劍尖，使弧儘量的小，保持手腕的穩定。
3. 在低部位做劍身接觸時，手臂和護手盤太低。	3. 保持護手盤跟起勢姿勢一樣的水平，但劍尖往下壓低進行低部位的劍身接觸。

交劍和改變交劍

練習

在此將對你和夥伴的練習進行持續講解。當在劍道上移動時，你的夥伴將需要在大多數的情況下保持預定的距離。如果你前進，你的夥伴就要後退以保持需要的距離，例如前進距離、長刺距離。跟隨的人要負責控制正確的距離，有時候你會被跟隨，這時，你的夥伴必須始終保持與控制在很好的起勢姿勢上，以劍尖稍微的上揚對著你的高部位和略為下降在低部位對著你的大腿，讓你能夠做出和夥伴的劍身接觸並執行所描述的動作。這也需要你的夥伴稍微移動他的劍，讓你能夠擊中有效部位。你的夥伴不應該在你下決心果斷採取擊中動作時阻止你擊中或退得太遠（會打不到）。在練習中，你的夥伴扮演著一個具侵略性的姿態。如果練習中要求你在劍身上按壓，那這個按壓的壓力是扎實的，不過在動作時，劍尖不應該有太多的移動。

在保持距離時，持劍手臂不要有向前或向後縮的動作作為調整距離感的變化。距離控制的調整是用腿，如果你是藉由手臂的向前伸展或後縮來控制距離，那麼你

的對手和夥伴將可以很輕易地在你做出正確的反應之前，就在這個距離內擊中你而得分，所以應該是用雙腳的移動來保持正確的距離。

你的練習夥伴在這個練習中，主要的職責是給你在理想的情況下進行交劍或其他指定動作的變化，並由你的夥伴來幫助你完成正確的操作。由於擊劍運動員必須同時在正確的時間和距離做出正確的動作，也就很難在練習中能夠專注的完成正確動作，這使得一個人在練習時非常容易覺得艱難。

練習開始時從劍身的任何一側進行交劍，接下來的練習則改為從劍身的另外一側開始交劍，這時候你的夥伴可以稍微彎曲手臂或移動他的劍身，讓你能夠擊中。但是這個協助動作不能夠以誇大的動作進行。

要進行這個練習，需要準備一塊膠帶，從劍尖往劍身起算約20到30公分長、寬度約3或4公分。將膠帶固定在劍身上。貼上膠帶的目的是用來作為練習中幫助你識別距離。

1. 控制劍頭（劍尖）與交劍

你和你的夥伴均採取起勢姿勢並在長刺距離做劍身接觸，你（作為帶領）做前進和後退步法，你的夥伴必須保持正確的距離。在起動動作後，你不能看劍，但要柔和地注視著肩膀和頭部（不要目露凶光）。一些知名的偉大擊劍運動員甚至會看著髖部。帶領者在距離逼近時試圖以前進或長刺去擊中夥伴。儘管努力嘗試著保持正確的距離，但是仍然有困難，因為距離有時會變短。距離變短是因為有人犯了錯誤所造成，這個變短的距離也就是擊中得分的瞬間。奧林匹克運動會金牌得主和奧林匹克運動會教練Janusz Peciak經常說，擊劍是個錯誤的比賽，誰的錯誤少，誰就會獲勝。我們在這裡將專注於比賽的概念，包括如何得分和如何阻止被擊中得分。帶領者試圖以快速的腳步去拉近距離，夥伴則必須試圖保持正確的距離以避免被擊中。在這個階段的練習中，帶領者不能做出比3次前進或3次後退更多的腳步而沒有改變方向。擊中得分並不是只追擊對手，而是強迫他不斷的改變方向（指前進和後退）。在你的對手停止後退或剛開始向前時，對手會在這個瞬間出現些微的劣勢，這也正是發動攻擊去擊中得分的理想時機。

不要以敲擊夥伴的劍來保護自己（指距離防禦）。當你看到攻擊接近時要立即後退，你必須使用你的雙腳來保護自己。要機警和記住成功的原因是什麼，重複成功的策略。

(◉ 成功的目標 ＝ 8組30秒的比賽，30秒的休息。帶領者在每個30秒中至少必須得到1分_____

✔ 成功的檢核
· 放鬆肩膀_____
· 保持手臂四分之三的伸展，壓手臂向前準備延伸和擊中_____
· 手臂保持良好的防禦姿勢_____
· 保持距離時不是彎曲手臂，而是用你的腿（用腳保持距離，而不是用伸手或縮手保持假象的距離）_____
· 專注於你和夥伴之間的距離_____

為了增加難度
· 增加的時間為45秒。
· 做12組30秒的比賽，在組和組之間休息30秒。

為了降低難度
· 在劍道上移動，但不嘗試得分。
· 在由你引導時如果距離變得太短，你便停止，直到你的夥伴修補好距離。

2A. 高部位變化交劍，攻擊與前進

在前進的距離以起勢面對夥伴。你在高部位以劍身上有膠布的部位做劍身接觸，你也可以改變交劍2次，每次交劍後暫停，然後你做延伸、前進並擊中夥伴的前胸（夥伴保持靜止不動），隨後接著向後在前進距離恢復到起勢姿勢，這樣算是一組動作。

(◉ 成功的目標 ＝ 擊中夥伴胸部同一個目標25次_____

✔ 成功的檢核
· 保持手臂為適當的防禦姿勢_____
· 先用你的手指移動劍尖_____
· 保持扎實的交劍_____
· 在前進到目標之前先伸手_____
· 在前進之前先完成手臂延伸，並將伸手和前進做成連續動作_____
· 銳劍當劍尖刺向目標時，略為提高護手盤，鈍劍則保持水平_____

為了增加難度
· 不要從長刺距離練習和用長刺去擊中夥伴。
· 增加變化交劍和擊中之前的機動性。
· 25組之間仍保持著起勢。
· 加速擊中。

為了降低難度
· 停留較長的劍身接觸。
· 分別做每個部分的動作。
· 減少組數。

2B. 高部位變化交劍與長刺（你帶領）

在前進的距離以起勢面對夥伴。在高部位以先前你貼上膠帶的劍身部位進行交劍，接著你改變交劍，前進、變換交劍，後退、伸手和長刺，擊中夥伴的胸部。你的夥伴必須依照你的腳步保持正確的距離。當你在做長刺時，夥伴不能後退，讓你可以刺中夥伴。在每次變換交劍時，要試圖以劍身上的膠布去碰觸到夥伴劍上的膠布，同時也要確保在交劍之前先移動你的腳，這樣算是一組。

成功的目標 = 在夥伴胸口同一個地方刺中10次_____

成功的檢核

· 保持起勢姿勢，手臂四分之三的適當伸展_____

· 保持軀幹穩定、挺直_____

· 保持劍尖小幅度的移動，在變換交劍時只使用劍尖_____

· 長刺時，後臂和後腿伸直，在恢復之前短暫的維持這個姿勢_____

為了增加難度

· 變換交劍，然後做2個前進步法，暫停，延伸手臂和長刺，刺中夥伴的胸口。當你做長刺時，你的夥伴不能退縮，而且必須讓你擊中他。你的夥伴必須隨著你移動，並維持在長刺的距離。

· 變換交劍，然後做2次後退，暫停，延伸手臂和長刺，擊中夥伴的胸口。

· 改變不同的壓力施加在夥伴的劍上。

為了降低難度

· 每個動作的組成都單獨練習。

2C. 高部位交劍變化與長刺（夥伴引導）

與夥伴均在長刺距離採取起勢。在高部位做具壓迫性的劍身接觸，你跟隨著你的夥伴，他前進2步，你就後退2步，並在最後一次後退之後變換劍身接觸，然後你的夥伴退後一次，你跟隨夥伴動作前進並變換交劍，接著夥伴略為按壓你的劍身，你立即變換交劍，然後以伸手和長刺去刺擊目標。輕輕地擊中夥伴的胸部（如下頁圖(b)），並在長刺姿勢上暫停，然後向後恢復到起勢以修補兩個人之間的距離，並持續長刺距離的練習。

(a)

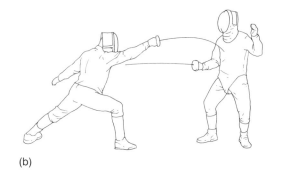

(b)

成功的目標 = 以伸手的方式擊中夥伴胸口上相同的地方10次_____

✔ 成功的檢核

· 放鬆肩膀_____
· 保持手臂四分之三伸展_____
· 做比較小的前進與後退_____
· 採取較低的起勢姿勢_____
· 在進行長刺擊中目標之前先伸展劍尖_____
· 恢復到起勢姿勢時,不要讓劍尖和護手盤放下來_____

■ 為了增加難度

· 請你的夥伴壓一下你的劍身,作爲你做出每一次變換交劍的提示。
· 從前進長刺的距離練習,以前進長刺擊中。

為了降低難度

· 由你帶領練習。你的夥伴必須對應你的後退、變換交劍和你的前進。你的夥伴也要按壓你的劍,而你則要改變交劍和做出長刺。

3A. 低部位劍身交劍

　　以起勢在前進距離面對你的夥伴。在低部位做劍身交劍時,以貼在劍上的膠布和膠布相互接觸,你變換交劍2次,交劍時保持扎實的交劍並暫停1秒鐘,然後鬆開夥伴的劍,劍尖對著夥伴的胸部延伸,之後前進並擊中你的夥伴。動作時一定要先移動你的劍尖,刺中後恢復到起勢姿勢,你的夥伴則仍停留在起勢上(銳劍可以選擇不同的目標)。

成功的目標 = 不中斷地擊中夥伴
胸部相同的地方10次_____

成功的檢核

· 放鬆_____
· 保持你的軀幹穩定、挺直_____
· 交劍時護手盤不能放低_____
· 應用手指移動你的劍尖，讓劍處在夥
　伴劍身的上方_____
· 在變換交劍時，按壓劍尖向前_____
· 在前進之前先伸展持劍手_____

為了增加難度

· 從你的長刺距離進行長刺練習。
· 在夥伴的胸部區域準備兩個擊中
　目標點（可以貼記號）。

為了降低難度

· 單獨做每個動作。

3B. 低部位的變化交劍與長刺

　　與你的夥伴在長刺距離採取起勢（如下圖(a)）。你的夥伴做2次前進，你負責保持距離。你的夥伴扎實地壓你的劍，你變換交劍並直接以劍尖對著夥伴的胸部（如下頁圖(b)），做伸手和長刺並刺中夥伴的胸部（如下頁圖(c)）。

　　向後恢復到起勢，調整回復到原來長刺的距離。

　　接下來，你的夥伴後退2次，你負責保持距離，在最後一個前進之後變換交劍，隨著擊中夥伴的胸部，擊中後向後恢復到起勢姿勢，這些動作組合算一組（銳劍可以選擇其他部位，如下頁圖(d)）。

成功的目標 = 10組_____

成功的檢核

· 不要驚慌；放鬆_____
· 雙肩保持水平和放鬆_____
· 不要以放低護手盤的方式去做低部
　位劍身接觸（用劍尖朝向低部位）
　_____
· 伸手直接推出劍尖去擊中夥伴胸部的
　目標_____
· 長刺之前持劍手先延伸_____

· 銳劍稍為提高護手擊中夥伴，鈍劍則
　保持水平_____

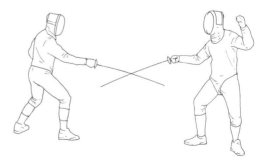

(a)

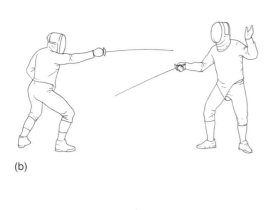

(b)

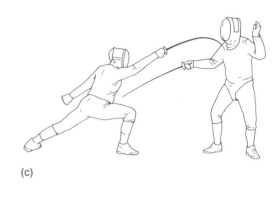

(c)

(d)

4. 從高部位交劍、伸手

在前進距離與夥伴採取起勢做準備。和你的夥伴在高部位做劍身接觸，接著你變換交劍並前進，前進後暫停，由你的夥伴做變換交劍，再暫停，隨後你再做變換交劍和後退，然後你以一個前進和伸手擊中你的夥伴，擊中後後退回到前進距離恢復起勢，這些動作組合算為一組。

 成功的目標 = 以伸手的方式擊中
夥伴胸部相同的地方25組_____

✔ 成功的檢核
· 維持在較低的起勢姿勢_____
· 先啟動劍尖和進行順暢的移動_____
· 保持軀幹穩定_____
· 在擊中的瞬間，銳劍的護手盤應該略
  為提高，鈍劍在擊中有效部位時則維
  持水平_____

為了增加難度
· 在交劍變化之前的前進和後退的
  目的在於保持你和夥伴之間的距
  離。
· 在變換交劍之前前進2次，你的
  夥伴負責保持距離。

為了降低難度
· 每一個部分分別慢慢的練習。

5. 組合進攻與長刺

在前進距離以起勢面對你的夥伴。你和夥伴的劍在低部位交劍（如下圖(a)），你前進，你的夥伴後退保持距離，然後你的夥伴提高他的劍到高部位並前進（如下圖(b)），你在高部位交劍（如下圖(c)）並後退以保持距離。你的夥伴藉由你的劍放低他的劍尖而鬆開你的劍並做一個小的後退，這時候你做長刺，這個長刺應該是短而且正確的（如下圖(d)）。長刺後向後退，直到回復到前進距離並恢復到成為完美的起勢姿勢，這些動作組合算是一組。

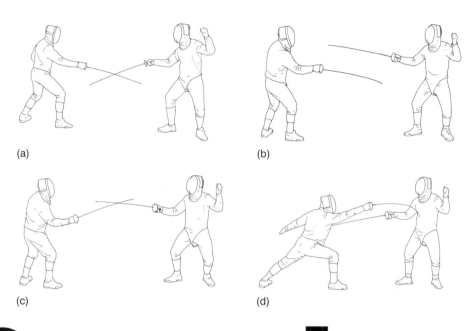

(a)　　　　　　　　　　　　　(b)

(c)　　　　　　　　　　　　　(d)

 成功的目標 ＝ 擊中夥伴胸部相同
的目標10次＿＿＿＿

✔ 成功的檢核

· 完成劍身工作之前要先移動你的腳
＿＿＿＿
· 採取小的腳步＿＿＿＿
· 開始長刺前先伸展手臂＿＿＿＿
· 在長刺期間伸直你的後臂＿＿＿＿
· 長刺時用前腳踢出來＿＿＿＿
· 用腳帶動回復到正確距離，恢復起勢
姿勢＿＿＿＿

為了增加難度

· 每一次的刺擊都準確地擊中同一
個點。
· 提高速度以接近目標。
· 每組動作之前增加10秒鐘的腳
步。

為了降低難度

· 每一組動作完成後暫停。
· 分別做每個動作。

6. 對手在高部位與低部位壓劍的反應

與夥伴在前進距離以起勢在高部位做劍身接觸，你的夥伴會選擇從高部位移動到低部位，你必須跟隨。你的夥伴會做前進或後退步法，他希望你必須保持距離跟隨著做。當你的夥伴慢慢地但扎實地壓著你的劍時，你必須做出變換交劍。在練習中，你只能從夥伴對你的壓劍中反應變換交劍，保持和夥伴的劍接觸與維持正確的距離。

成功的目標 = 4×30秒練習×30秒休息（4組30秒練習之後休息30秒）

✔ **成功的檢核**

· 用你的手指操縱劍_____
· 快速順暢的反應夥伴對你的壓劍（夥伴對你壓劍時，做出快速且順暢的反應）_____
· 移動劍尖盡可能小_____
· 只有在你的夥伴壓劍之後才做反應_____
· 不要猜測_____
· 保持警戒_____

為了增加難度

· 練習時嘗試閉著眼睛，從你的夥伴給你的壓劍去做反應和做較難的距離維持。這是一個挑戰，但會提高你的靈敏度。
· 每次你在前進時夥伴壓你的劍，你就延伸你的長刺去擊中夥伴的胸部。
· 每次你在後退時夥伴壓你的劍，你就延伸你的長刺去擊中夥伴的胸部。
· 每次你在延伸長刺去擊中夥伴的胸部時，你的夥伴就撤開他的劍遠離你。

為了降低難度

· 練習時只在一個方向移動。
· 練習時只在高部位，然後只在低部位做演練。
· 預先確定步法模式。
· 單獨做每個動作。
· 夥伴告訴你什麼時候改變交劍。

成功交劍與改變交劍摘要

一個完美的擊劍運動員特徵是必須具備分析對手的能力和測試對手對於各種不同刺激的反應，作為比賽過程中決定正確行動的遵循因子，以及了解他自己對這些刺激的反應，作為測試他的對手之能力。在這個練習步驟中，你練習得越多，當你的對手從你的交劍、變換交劍和壓劍中反應給你的訊息，你就會更加自在並且了解「下一步該怎麼做」。

學習如何在下一次高部位進攻之前，由你的夥伴或教練幫你成功的檢核成功的關鍵。有關交劍和變換交劍技巧的插圖，請參閱圖4.1。攻擊的關鍵在於攻擊準備動作帶給對方的錯覺，所以必須保持看著對手動作和對你造成的觸覺感受，過程中沒有（不要）猜測並迅速的依據對手給你的回應做出反應。

單元五　高部位撥擋還擊：扭轉形勢

在高部位撥擋中，我們將要討論的是4分位撥擋和6分位撥擋。高部位撥擋主要是對於髖關節以上區域所造成的威脅進行防禦。撥擋是用劍打偏掉對手攻擊的劍，使劍遠離有效部位的防禦動作。在擊劍運動中，防禦的第一種方式是以腳移動遠離對手攻擊，第二種方法則是撥擋防禦。撥擋可以保護你的有效部位，在撥擋時可以搭配腳步動作同時施行，如腳部向後移動、原地靜止、甚至向前移動，都可以做撥擋動作。

撥擋在鈍劍和銳劍中都經常使用。鈍劍撥擋主要是保護軀幹，銳劍撥擋則是保護整個身體。其他防禦的方法還有反攻、身體逃避等動作，如迅速蹲身，彎曲身體，轉動目標讓你的對手造成失誤。在銳劍的反攻是當對手進攻時，伸手延伸去擊中對手最近且未受到保護的部位，反擊的價值是使用武器在對手發動攻擊時，在對手擊中你之前就擊中對手。在鈍劍來說，你可能也會反擊，但是反擊必須確定你的對手並沒有擊中，因為鈍劍具有攻擊權（沒有攻擊權時互中還是對方得分）。

撥擋是為了避免被擊中，還擊則是防守者在順利的撥擋之後，做出攻擊擊中得分的動作。撥擋的目的並不是完全的提供扭轉形勢，除非能夠還擊得分。4分位撥擋主要是在保護內部分位（軀幹前面部位），6分位撥擋則在保護外線部位（肩膀，特別是鈍劍的背部）。

為什麼撥擋－還擊很重要？

撥擋－還擊是一個既可以防止你被對手擊中，同時能夠讓你得分的動作，也是防禦的第二線和高比率的得分策略。剛開始學習和中級與世界級以上的擊劍運動員，在比賽時第一個想到的就是攻擊得分。有些擊劍運動員在比賽中可能失去耐心而攻擊，更多的攻擊則是出於恐懼，恐懼則來自於怕被擊中或懷疑自己還能做些什麼，所以你必須很早

就學會如何保護自己，或分析你的對手有什麼他想要的微小理由而不攻擊你。

撥擋—還擊可以讓你在擊劍運動中往中級和高級的水準移動。撥擋—還擊應該是擊劍在整個比賽中的一部分，而不只是拚命的避免被得分。如果你具有微弱的撥擋和還擊能力，你就可以期待你的對手，在對你沒有防備或防禦姿勢不佳時多次的去進攻。一旦你變得很有自信，你就可以做出最多的撥擋（至少有一些）還擊和攻擊的權力，你的比賽水平也將會大大的提升。一個良好的撥擋—還擊可以使得進攻的劍手產生洩氣的效果。擊劍是既鬥勇又鬥志的遊戲，如果能夠摧毀（瓦解）對手的信心，從而抑制對手滿載的才能，這效果就如同你將會有一個巨大的武器來自於你的指間，讓對手產生疑問而質疑自己和主控權都在你這一方（你具有絕對的主導權），也將讓你擁有更強大的氣勢。

在每個階段中，撥擋和還擊是兩個獨立的動作，但如果你的對手保持著正面的進攻但卻沒有擊中你的威脅時，可以不斷的撥擋而沒有搭配還擊。不過在多數的情況下，要遵循撥擋後立即還擊的原則。

對鈍劍運動員來說，撥擋就是結束了對手的進攻，即使對手仍然持續的進攻並首先刺中或緊接著再刺中（攻擊權被撥擋後的延續進攻，這裡所說的再刺中是指對手進攻中你有做撥擋動作，之後你先刺中對方，對方接著刺中你），攻擊權的規則給防守者（你）立即得分

的優先權。

銳劍並沒有攻擊權的規則，所以擊中得分必須是在對手以劍尖擊中你之前的1/25秒（0.04秒）。擊中對手才能夠單獨得分，因此銳劍的撥擋也具有實用的目的，因為撥擋可以提供時間讓你在對手持續攻擊之前先打到對手，當然這就要看誰先打到對方了。銳劍撥擋的主要目的是移掉攻擊你的劍，這樣你就不會被擊中。鈍劍撥擋的目的主要是獲得攻擊權。

何時是撥擋的好時機？

撥擋最好的時機大部分是在對手開始發動攻擊的瞬間，也就是在對手完成攻擊動作之前。而在攻擊結束但對手並沒有擊中有效部位的撥擋，也是大部分撥擋的恰當時機，亦是撥擋時機的次佳選擇。擊劍運動員最難防守的時間是在完全延伸做進攻動作的時候，在最後的進攻動作上，就好像足球比賽被完全吊出一樣（球門區沒有人防守），也就沒有了防禦能力。

如何在高部位執行撥擋

快速拍擊的撥擋是拍打在對手劍身上的防禦動作，是一個乾淨俐落的敲擊在攻擊的劍上面所完成的動作。有許多合適方法可以執行撥擋和還擊，因為世界上有許多國家的擊劍運動員和教練，而使得這些動作產生了許多變化，但基本上都是一樣的。此外，持劍手的延伸程度也會有所不同，這還得取決於在做撥擋動作時，你和對手之間的距離。非

常重要的是，在撥擋動作發生的時間和距離，在鈍劍的觀念上，會稍微向前對進攻的劍在開始攻擊的瞬間做撥擋。銳劍也可以做相同的動作，但護手盤要朝向對手的劍移動，並阻止對手達到完全延伸而劍刺中你的手臂，這也稱之為封阻撥擋。但這並不是永遠都是合適的撥擋時機，有時候銳劍需要帶動護手盤稍微向後做出典型的撥擋，並移動護手盤對著對手的劍身，造成對手進攻時的阻礙。記住，在動作時必須先動劍尖。

撥擋效果最小的時機是在對手處於進攻的中段，因為這時對手會有足夠的距離和時間避免被撥擋。大部分的時機是你應該後退，等你有了足夠的距離和時間在你被擊中之前做撥擋；但是有時候你也可以是原地靜止、向後移動或向前做撥擋。

如何執行4分位撥擋

4分位撥擋是用於對手向你的胸部進攻時，用撥擋將對手的劍打偏。4分位撥擋是從起勢姿勢將劍在身體前橫向移動（如下頁圖5.1(a)），動作時先移動劍尖，然後手和前臂立即跟著動，全部一起完成撥擋姿勢（如圖5.1(b)），手腕和前臂扣著劍做一個小的畫圓（弧），以動態朝向你的對手的劍（如圖5.1(c)）。持劍手稍微延伸到達攻擊的劍身（就像足球在進攻時接受傳球一樣）。如果你的撥擋太慢，使對手進攻的劍尖很接近你的胸部，你可能需要帶動護手盤向後以封阻攻擊，手在對手劍身的方向稍微的旋轉，手腕可以稍微改變位置（根據你撥擋時的距離而定），但是必須保持穩定。撥擋之後移動你的劍到伸手的位置，劍尖朝向對手的有效部位，對下一個行動做準備。

成功的阻礙

撥擋最嚴重的缺失是沒有為攻擊做準備。擊劍運動員沒有保持正確的距離，當一個攻擊過來的時候還沒有做好準備，因此產生了慌張的反應，有時會因為慌張而選擇了錯誤的行動，造成撥擋過早、太慢或過大。

錯誤	修正
1. 先移動護手盤和產生太大的運動。	1. 先移動劍尖，當你接觸到對手的劍時暫停動作，或是如果你不去接觸對手的劍，停在4分位撥擋的位置並立即返回到起勢姿勢。
2. 持劍握得太緊或太鬆。	2. 保持在握緊時能夠控制劍身和握鬆時仍然足夠用手指操作劍尖。
3. 做撥擋時太過僵硬，使劍尖落在護手下方，有時還會擊中地板。	3. 做撥擋時緩慢而平穩，控制每一個動作。撥擋動作結束時，劍身在護手盤上方約呈30～45度角。
4. 手肘左右移動。	4. 手肘保持穩定。

圖5.1　成功的關鍵

4分位撥擋

(a)

(b)   (c)

準備

1. 跟對手在前進距離做起勢_____
2. 對手從長刺的距離伸手對著你的胸部_____

執行

1. 撥擋首先移動你的劍尖，然後手部和前臂一起連續運動_____
2. 若你的撥擋是在進攻初期，手臂微微伸展，如果你撥擋晚了，手臂彎曲和帶動護手盤向後做6分位撥擋_____
3. 移動你的劍身畫弧橫過你的胸前，接觸對手的劍身_____
4. 完成動作時，護手盤的位置比起勢姿勢時略低_____
5. 保持手肘在內側_____

跟進

1. 立即返回到起勢姿勢_____
2. 準備下一個機動動作_____

如何執行6分位撥擋

6分位撥擋的劍身運動，在鈍劍是針對前面肩部和胸部攻擊的防禦，銳劍則是保護手臂、肩部、胸部和頭部。6分位撥擋是從前進距離以起勢姿勢開始啓動，移動劍身與持劍手向側面使劍尖稍爲提高（如下頁圖5.2(a)和(b)）結束。武器的尖端（劍尖）必須比護手盤高，劍尖也是第一個移動，緊接著手和前臂也要立即跟上並同時一起到達撥擋位置，手腕保持穩固，前臂肌肉做強而有力的縮收，手肘必須保持穩定並朝向身體內側，手臂稍微伸展，手向外做小幅度的旋轉（順時針爲右手、逆時針爲左手，動作時手肘稍微向身體、手腕向外側轉動），護手盤接近二頭肌的高點。

銳劍運動員必須接觸對手的劍身，甚至在撥擋之後也不能讓對手以劍尖擊中的意圖得逞。在銳劍運動員要獲得只有一個劍尖的得分（單燈），擊中對手必須是在對手還擊的前1/25秒（0.04秒）之前擊中他；如果沒有在這個時間差之內先擊中對手，則對手也會得分，這將會被稱爲雙擊中（同時擊中）。如果兩個銳劍擊劍運動員在相同的時間同時擊中，那麼兩個擊劍運動員都得分。

成功的阻礙

6分位撥擋是武器重大的防禦動作，主要的問題是受到攻擊時劍不能先動作。許多擊劍運動員發現很難快速且有效的將劍移動到6分位進行撥擋，

如果劍尖移動之前手肘外部先移動，對手將能夠在你的劍在到達撥擋之前擊中你，也可以用護手盤阻止這個攻擊。

錯誤	修正
1. 沒有先移動劍尖進行撥擋，但是卻讓手腕垮掉並移動護手盤或先移動手肘。	1. 手腕保持穩定，從手肘到劍尖形成一直線。劍的行動用手指去完成，控制劍在移動時的精確性，專注於必須先移動劍尖，手腕則保持穩固。
2. 驚慌失措的將護手盤對著肩部向後帶回。	2. 在撥擋時移動劍尖向上並稍微向前。
3. 太早或太晚狂亂的做撥擋。	3. 在對手延伸持劍手刺你的時候撥擋，或在你的撥擋距離之內撥擋。

圖5.2　成功的關鍵

6分位撥擋

準備

1. 與對手在前進距離做起勢_____
2. 你的武器擺在4分位_____
3. 對手刺向你的6分位_____

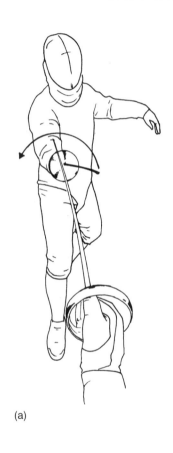　

(a)　　　　　　　　　　(b)

執行

1. 先移動劍尖,然後手部和前臂全部的動作一起完成_____
2. 將劍尖橫向畫一個順時針的小弧,與對手的劍緊密接觸(逆時針為左手)_____
3. 撥擋時略微伸展(手臂)_____
4. 保持手肘部朝向身體_____
5. 完成撥擋時,劍尖稍稍保持在對手身體的外側_____

跟進

1. 恢復回到起勢姿勢_____

擊劍

邁向卓越

畫圓撥擋

　　畫圓撥擋的重要性在於當你發現你的劍身是在對手劍身相反的一邊，你可以選擇使用畫圓的方式做撥擋。畫圓撥擋也可以保護你被對手攻擊的更多目標。

如何執行4分位撥擋

　　你做出變換交劍，但是必須將對手的劍從有效區域移走，對手和你的劍在6分位發生劍身接觸。你不必在6分位交劍，你可以從外部進行畫圓撥擋，做一個變換交劍並扎實地和對手的劍身接觸（如圖5.3）。

圖5.3　成功的關鍵

畫圓4分位撥擋

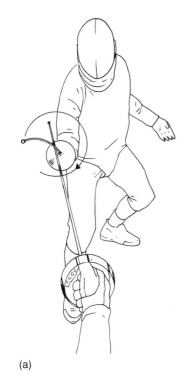

(a)

(b)

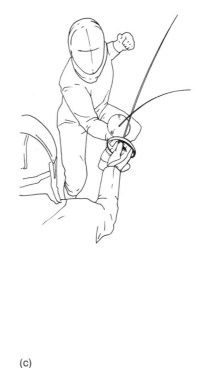

(c)

準備

1. 與對手在前進距離做起勢＿＿＿＿
2. 讓對手在你的6分位做劍身接觸＿＿＿＿

執行

1. 變換交劍與對手劍身的另一側牢牢的接觸＿＿＿＿
2. 劍身往逆時針方向移動（右撇子）必須先啟動劍尖＿＿＿＿

跟進

1. 恢復到起勢姿勢＿＿＿＿

如何做6分位畫圓撥擋

當對手攻擊你前面高部位肩部區域時，6分位畫圓撥擋是保護自己的必要動作。右手持劍的擊劍運動員變換交劍是以順時針方向移動劍，做出6分位畫圓撥擋，必須先移動劍尖並保持在護手盤上方，劍尖高度大約和眼睛保持水平（如下頁圖5.4(a)）。由於做這個撥擋動作的肌肉通常都比做4分位撥擋的肌肉薄弱，

所以動作時劍尖一定要先動，而且是堅決、快速的移動，並扎實地與進攻的劍接觸，動作越快越好（如圖5.4(b)），劍身的接觸也是越牢越好，並把對手的劍帶離開有效部位（如圖5.4(c)）。在交劍時，你的劍尖要稍微在對手的身體外側，手臂略微伸展的去撥擋是非常重要的，但如果撥擋的時機太早或動作上有向後縮回，這個撥擋動作就太晚了，撥擋之後必須立即伸手朝向有效區域還擊。

當運用畫圓撥擋時，控制你的劍主要是用手指而不是用手臂，保持小的撥擋動作很重要。畫圓弧時的動作必須流暢，而且要在圓弧的頂端停止。如果對

手的劍是瘋狂揮舞或在外側（非有效部位區域），不要去追逐對手的劍，在動作過程中要先用手指來完成，手腕只做輕微的運動，身體則必須保持穩定。

錯誤	修正
1. 撥擋時動作過大。	1. 用手指做小的圓形移動劍尖，用力的緊縮前臂和鎖定手腕，停止劍身的移動。
2. 用手臂和肩膀完成動作。	2. 手指先技巧的移動，讓手腕只做輕微的運動，保持肩膀放鬆落下，不要讓肩膀聳起和緊縮。
3. 提高手肘擠到外側。	3. 按手肘向內側，手肘尖端朝向地板。

如何執行還擊

這裡所說的還擊是指在撥擋之後所做出的進攻動作，這時候大部分的還擊會在撥擋之後立即伸手直接對著有效部位進攻。如果你的撥擋之後需要更多精準的還擊，先回復劍到你伸手位置，（前臂和劍身平行）然後伸手刺出。但這個做法只適用於鈍劍，而且必須先移動劍尖對著有效部位。

大部分鈍劍的還擊會正確的對著對手的高部位（肩）區域，這是因為鈍劍的有效區域非常的小（相較於銳劍），而且必須擊中金屬電衣。就銳劍而言，還擊的目標可以是手、二頭肌區、肩部、面罩、大腿或小腿，所以時間是重要的。一定要記得，你必須有第二個優勢在你的對手1/25秒之上（意即在對手擊中你之前的1/25秒擊中對手），因此，擊中最近的目標也就更具必要性。

圖5.4 　成功的關鍵

畫圓6分位撥擋

(a)

(b)

準備

1. 與對手在延伸距離做起勢_____
2. 讓對手在4分位做起勢或從4分位離開
的交劍_____

執行

1. 先移動劍尖，下降到對手的劍之下__
____
2. 保持你的劍尖高於護手盤，劍尖維持
在大約與眼睛呈水平_____
3. 繼續像變換交劍一樣畫半圓_____
4. 保持你的手腕穩定_____
5. 你的劍尖、護手盤和前臂同時到達最
後位置_____

跟進

1. 恢復到起勢姿勢_____

(c)

圖5.5　成功的關鍵

還擊

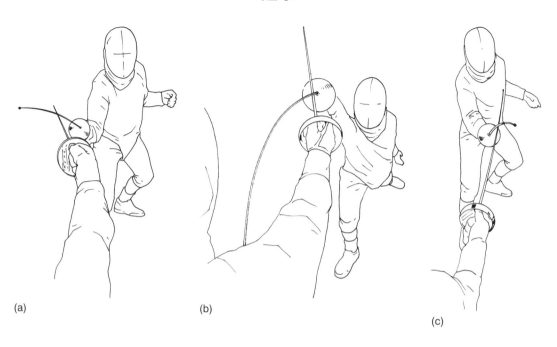

(a)　　　　　(b)　　　　　(c)

準備

1. 與對手在延伸距離做起勢＿＿＿＿
2. 對手伸手＿＿＿＿
3. 撥擋（4或6分位）＿＿＿＿

執行

1. 撥擋之後伸手直接刺向目標＿＿＿＿
2. 運用手指先移動劍尖＿＿＿＿
3. 保持肩膀放鬆和向下＿＿＿＿
4. 銳劍在擊中時略微抬起護手盤；鈍劍的護手盤保持在同一水平＿＿＿＿

跟進

1. 還擊後立即恢復到起勢姿勢＿＿＿＿
2. 後退出來的距離（回到延伸距離）＿＿＿＿

成功的阻礙

　　撥擋後，你必須立即直接的還擊而不能暫停。有許多人在撥擋之後，因為當他們抓著對手的劍時覺得安全，所以並沒有還擊。你必須在撥擋後意圖去擊中你的對手，而不是只做安全的防禦。

錯誤	修正
1. 猛力的還擊或先移動身體。	1. 撥擋之後先移動劍尖，立即連續刺向目標，但不要移動身體。
2. 保持撥擋而沒有立即的還擊。	2. 還擊是一個劍身積極移動的攻擊，只要你有撥擋，劍尖就向前擠去刺中目標。
3. 移動護手或手肘。	3. 伸手推劍尖向前之後做出撥擋，感覺就好像有什麼東西在牽引著你的手臂，然後又突然釋放掉手臂一樣。

撥擋─高部位還擊

練習

練習期間，你夥伴的職責是負責伸手讓你去做撥擋，夥伴先慢慢的伸展，讓你有時間做必要的防禦動作。當距離較近的時候，你的夥伴可以做一個二分之一至四分之三的伸展，都在相同的位置伸手，每次都會顯著的增加準確度，這也需要你的夥伴讓你容易接近到有效部位。

每次所採取的行動可以是4分位撥擋、6分位撥擋、4分位畫圓撥擋、6分位畫圓撥擋，以及搭配下列各個步法動作進行練習：靜止、後退、後退─前進、後退─長刺。在移動到下一個撥擋之前，需要通過之前所有的步法練習。如果每次從靜止的姿勢做撥擋，這個階段對你來說會覺得太笨重，所以每次撥擋和腳步時機與協調將會在後面討論。

練習是用來提升技術，每個動作都要慢慢的、精確的、有條不紊的進行練習，讓每個動作都能夠讓肌肉記憶下來。當你的速度增加和技術提高，時機和距離也會提高。優秀的擊劍技巧來自於簡單和精確的重複練習，並掌握基本知識。

重複練習以下指定的每個腳步組合：

· 延伸距離 —— 你和你的夥伴是靜止的 _____
· 延伸距離 —— 當你的夥伴伸手和前進時，你後退 _____
· 前進距離 —— 當你的夥伴伸手和前進時，你後退和撥擋，你以伸手和前進去還擊並刺中 _____
· 長刺距離 —— 當你的夥伴伸手和前進時，你後退和撥擋，然後你伸手和長刺進行還擊 _____

1. 4分位撥擋

　　與你的夥伴在延伸距離採取起勢。你的夥伴將劍擺在你的護手盤下面，然後他抬高劍尖到與你的眼睛同高的內線部位，你做一個4分位撥擋並直接還擊。當增加步法擊中夥伴時，在擊中之後要後退並恢復起勢姿勢，並準備下一個行動。

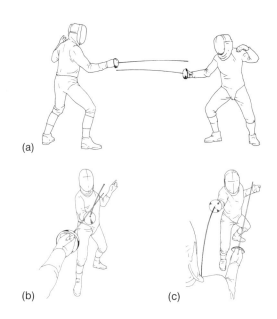

(a)

(b)　　　　　　　　　　　(c)

🎯 成功的目標 ＝ 每個步法模式都擊中胸部同一個位置5次，在練習過程中沒有任何時候可以讓劍尖掉下或護手盤低於腰部以下_____

✔ 成功的檢核

・夥伴的劍尖必須高於你的護手盤，讓你做4分位撥擋_____

・保持劍尖在護手盤以上_____

・先啟動劍尖和非常小幅度的移動護手盤去做撥擋_____

・你的手腕保持伸直、穩固。扎實地撥擋攻擊劍身_____

・使用手指來控制劍身_____

・腳向前移動發動伸手刺擊_____

為了增加難度

・夥伴更快地伸手刺擊，改變伸手的節奏。

・夥伴在你伸手推出劍之前先伸手送出劍。

・你跟隨你的夥伴未形成模式的步法。

為了降低難度

・在進行反擊前保持撥擋位置1秒鐘。

・夥伴保持他的劍身在起勢姿勢上並對著你的4分位，等你選擇以4分位做撥擋。

・單獨做每個動作。

<h2>2. 4分位畫圓撥擋</h2>

進行4分位畫圓撥擋有以下四種步法的組合與變化，這些動作是相同的，但是在開始動作時的暗示是不一樣的。

1. 採起勢姿勢在延伸距離面對你的夥伴，你和你的夥伴在6分位做劍身接觸，接著做一個4分位畫圓撥擋和還擊。

2. 你的夥伴在4分位和你做交劍，接著夥伴變換交劍，但是並沒有擊中你的劍身，他延伸到你的6分位來代替擊中你的劍，你則要針對夥伴的延伸做4分位畫圓撥擋的反應，然後還擊。

3. 採起勢姿勢在前進距離面對你的夥伴，你的夥伴對著你的胸部延伸，你要做出一個緩慢的4分位撥擋，你的夥伴在你做撥擋且當劍快要接觸到他的劍之前，瞬間變換交劍，接著夥伴伸手刺向你的6分位，但沒有接觸到你的劍，你繼續做4分位撥擋，直到畫圓4分位撥擋接觸到夥伴劍身的另一側並進行還擊。練習時，你和你的夥伴在做動作的時候必須做得很慢。

 成功的目標 = 完成每一次的三個動作，每個步法模式5次，每次都擊中在肩部的同一個地方＿＿＿

✔ 成功的檢核
· 每一個動作都在正確的起勢姿勢上啟動＿＿＿
· 劍身停止在正確的4分位位置上＿＿＿
· 行動開始之前，專注於你和訓練夥伴之間的距離＿＿＿
· 退回到正確的距離，停留在起勢姿勢準備下一個動作＿＿＿

■ 為了增加難度
· 提高速度和變化動作的節奏。
· 將每一次還擊之後退回到正確的距離做成連續動作，立即繼續準備下一個動作的進行。
· 增加反覆次數。
· 準備期間加入彈跳動作。
· 讓夥伴引導步法而你跟隨，你的夥伴給你一個提示（無論是聲樂或劍身），你在暗示後開始行動。

為了降低難度
· 以靜止目標代替你的夥伴，對著靜止的目標練習。
· 拆解每個行動成為許多個小部分，慢慢地執行每個部分動作。

3.6分位撥擋

採起勢姿勢在延伸距離面對你的夥伴，腳步向前橫向移動身體，使你和你的夥伴處在一直線上。從起勢姿勢做橫向移動，是唯一讓你的夥伴容易伸手刺向你的6分位並讓你容易還擊的練習。你的夥伴必須回復到起勢姿勢並彎曲他的手臂，讓你容易打到他的手臂。持劍手應該在腳步運動之前做四分之三的伸展，在銳劍則必須做完全的延伸，動作應該是協調、平穩、流暢和連續的。在你的夥伴手臂恢復到起勢位置的時候，則是還擊的時機。

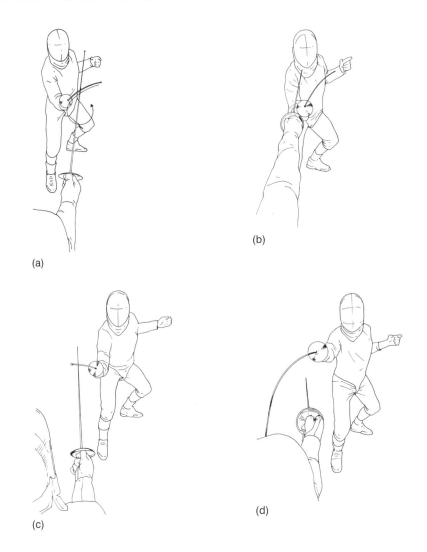

(a)

(b)

(c)

(d)

與夥伴在4分位做劍身接觸(a)，你輕輕地按壓夥伴的劍身，這是你的夥伴暗示要變換部位和伸手刺向你的6分位，但並沒有接觸到你的劍(b)。你做出撥擋(c)，並對著夥伴的肩膀還擊(d)。你的夥伴必須縮回他的手臂到起勢位置讓你擊中。

成功的目標 ＝ 重複練習三種預先安排的每一種腳步組合5次，並以還擊擊中夥伴肩膀相同的位置_____

✔ 成功的檢核

‧鈍劍的撥擋是敲劍或拍擊對手的劍身_____

‧銳劍移動護手盤多一些，以封阻夥伴的劍身_____

‧在和夥伴的劍接觸時，你的劍停止動作_____

‧腳步開始之前伸手刺向目標_____

‧加快還擊最後部分的速度_____

為了增加難度

‧提高速度和節奏變化。

‧確保行動持續。

‧重複的數量增加。

‧行動準備期間做彈跳動作。

‧還擊夥伴不同的位置（點）。

為了降低難度

‧在靜止的目標上練習以替代訓練的夥伴。

‧減少重複次數。

‧拆解每個行動成為許多個小部分，慢慢地執行每個部分的動作。

4. 6分位畫圓撥擋

執行6分位畫圓練習可以依據82頁每個步法練習的序列進行。

4.1訓練夥伴在4分位做劍身接觸，在夥伴沒有給你暗示下，由你發動6分位畫圓撥擋。

4.2應對夥伴透過事先約定的暗示做出反應，讓你的夥伴在6分位和你做劍身接觸，然後你的夥伴變換交劍且沒有和你的劍身接觸的刺向4分位，你則從夥伴的延伸做出6分位畫圓撥擋的反應，然後進行還擊。

4.3你開始發動行動，由6分位的劍身接觸位置按壓夥伴的劍，夥伴從你壓劍中反應變換交劍並伸手直接刺到你的4分位，但是並沒有接觸到你的劍。你壓劍的力量應該是剛好可以刺激夥伴的反應，你的夥伴應該要非常敏銳，對他的劍身承受到些微的壓力也會覺得非常的敏感。你要做出6分位畫圓撥擋，然後還擊。

4.4採起勢姿勢在延伸距離面對你的夥伴，你的夥伴伸手在你的護手盤上方刺向你的肩膀，你必須移動做6分位撥擋和你的夥伴變換交劍。在你接觸到他的劍身和夥伴伸手刺向你的肩膀而還沒有接觸到你的劍之前，你必須繼續做6分位撥擋成為畫圓6分位撥擋去接觸夥伴的劍身，然後還擊。你和你的夥伴需要先做較慢的練習。

成功的目標 ＝ 重複82頁上的動作，4.1至4.4每個預先組合的步法每組5次，每次都擊中指定目標區域_____

為了增加難度

・提高速度和節奏。

・在還沒有特定模式之前進行前進與後退，並啓動每個動作。

・重複的組數增加。

・行動準備期間進行彈跳。

為了降低難度

・以靜止的目標取代夥伴進行練習。

・將動作拆解成許多個部分，分開來慢慢地做每個部分動作。

・每次操作後休息一下。

✔成功的檢核

・做6分位畫圓撥擋時只使用劍尖畫圓，使畫圓的幅度保持到最小_____

・當你的劍在你的夥伴的武器上方接觸時，停止劍的動作_____

・在每次做完撥擋還擊之後，恢復到起勢姿勢_____

・在開始做延伸刺向目標之前，腳步先移動_____

5. 撥擋和伸手距離的體認

在這個練習中，你將會在劍道上與你的夥伴實際操練保持距離，你的夥伴將會用長刺攻擊你（攻擊後，你的夥伴可能會留在長刺狀態、向前恢復或向後恢復等其他各部分的練習），你必須後退並撥擋（運用你剛才學到的方法），然後伸手對著你的夥伴，但不要移動你的腳以維護距離去擊中夥伴。你的持劍手對著夥伴延伸，直到延伸靜止之後停下，檢查看看你與夥伴之間的距離，用視覺測量並告訴你的夥伴，你要擊中他什麼步法是必要的，然後做步法，看看你的判斷是否正確。在銳劍練習中，你有可能會擊中夥伴的膝蓋。

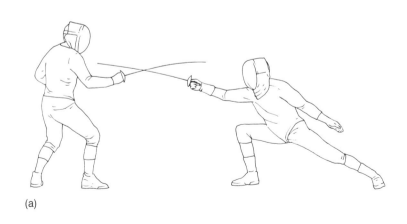

(a)

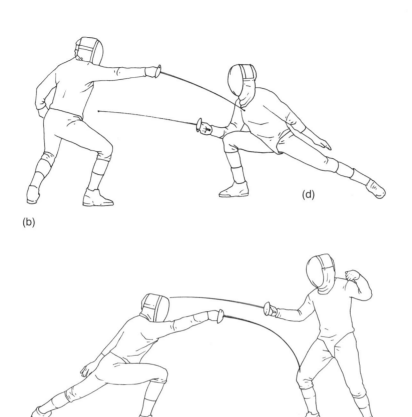

(b)

(d)

(c)

 成功的目標 = 判斷距離，然後選擇所需正確的步法以維護這一個距離，嘗試10次的攻擊中能夠擊中8次＿＿＿＿

✔ 成功的檢核

· 和你的夥伴都進行移動，保持相同的距離＿＿＿＿

為了增加難度

· 夥伴運用變化腳步的長度進行快速的腳步移動。
· 夥伴頻繁的進行方向改變。
· 夥伴進行節奏和速度的變化。

為了降低難度

· 由你來帶領步法。
· 由夥伴領導，慢慢地進行方向改變。

步法變化和進展細節：

1. 在延伸距離做起勢，跟夥伴練習延伸距離的維護，姿勢要保持固定，你的夥伴伸手而你做

撥擋和還擊，但是你做撥擋和還擊時並不要移動你的腳。夥伴做伸手必須慢慢來，而且只有做二分之一到四分之三的延

伸。

2. 跟你的夥伴在前進距離做起勢，你的夥伴伸手和前進，你從靜止（腳不移動）的起勢位置做撥擋和還擊。

3. 跟你的夥伴在長刺距離做起勢，你的夥伴做伸手和長刺，你從靜止（腳不移動）的起勢位置做撥擋和還擊。

4. 跟你的夥伴在延伸距離做起勢，你的夥伴伸手和前進，你後退和做撥擋，然後進行還擊。

5. 跟你的夥伴在長刺距離做起勢，你的夥伴前進和長刺，你後退並做撥擋，然後做伸手和長刺去擊中你的夥伴。

6. 跟你的夥伴在前進距離做起勢，你的夥伴伸手並做長刺，你後退、撥擋並接著做還擊，而你的夥伴這時正在做長刺。

7. 跟你的夥伴在長刺距離做起勢，你的夥伴做伸手和長刺，你後退並同時做撥擋，接著你做長刺和還擊，然後跟你的夥伴一樣從長刺後退恢復，直到回到起勢位置。

你可以很容易透過標記在地板上的記號來衡量你練習的距離，直到視覺記憶延伸距離、前進距離和長刺距離等各種距離，所以，你可以在腳後方適當的路線標記距離。

對於更多困難的練習，除執行上述這些練習和變化外，在你的夥伴教練服上用不同顏色的粉筆畫上三個直徑約8公分的圓圈，這些是用於在你撥擋之後要擊中所標示出來的顏色，這個練習將會幫助你將眼睛轉移看到劍尖所要擊中的目標。

讓你的夥伴叫你擊中標記在夥伴教練服上顏色的小圓圈，也可以在每個小圓圈中標上號碼，由你或你的夥伴叫出所要擊中的顏色或號碼，這樣的練習將會使你變得更加的熟練。

變化練習

你或你的夥伴在你動作啟動、擊中之前，可以叫出目標區域（例如，伸手長刺到一半時喊出2號，你就要擊中2號圈圈）。如果你的夥伴伸手，你就要撥擋或開始發動還擊。你和你的夥伴也可以從腳步移動中反應，取代指定特定的目標區域的手部動作（例如，你後退，你的夥伴在你之前先前進等等）。

實際練習所有清單上的變化，其中有一些選擇將會非常的容易，其他的有更多將會使完成目標時感覺更加困難。擊劍需要不斷的擴展你的界限，改善和超越以前的範圍，包括情緒上、精神上和身體上等各種因素。大部分的限制是可以自我強化和超越的，只要每天提高1%，而且要了解所有感知不完全和不足並不會是長久的障礙，透過練習即可讓它們消失、遠離。

成功總結

在這個步驟中所學習到的撥擋和還擊形成平衡，是擊劍運動員在比賽中獲得優勝所需要的。當你掌握了這些動作，你將開始獲得充足的自信心去處理對手可能突然對你發動的任何行動。記得正確的技術是重要的，因為距離和時間掌握在順序上，能夠在比賽中將撥擋─還擊都整合在一起。

距離是在每一個動作中都必須慎重考慮的關鍵因素，你和對手之間的距離影響和決定了你的準確性。正確的劍身動作如果沒有適當的腳步伴隨，那麼結果往往都是最差的。

你現在已經擁有足夠的經驗水準去做其他移動的操作，在學習單元六的動作之前，你將需要先操作相當長的一段時間，然後你會覺得在競爭激烈的情況下與他們比賽，會覺得是自在的，而那些時間與感覺將會到來。其實，只要繼續努力去完備這些動作，而你還在擊劍，就能夠追求擊劍中難以捉摸的完美與歡樂的奇蹟──這就是擊劍。

單元六　佯攻、換側進攻和敲劍：纏繞劍進攻

在這個步驟中，你將會學習到戰術動作，甚至於在你的對手努力嘗試透過各種撥擋以阻擾你的進攻時，仍然可以讓你擊中對手。戰術是指你如何解決這個比賽，在本單元的行動中，你將會學習到佯攻（又稱攻擊假動作）、敲劍和換側進攻。

敲劍和換側進攻使你能夠進攻對手的劍身或逃避對手企圖進攻你的劍。敲劍和換側進攻類似於交劍和換側交劍。敲劍是一個以拍擊取代只是與對手劍身接觸的動作；換側進攻則是為了避免對手的劍身，從一側變換到另一側期間所有的劍身接觸；佯攻是以假動作欺騙你的對手，引導對手嘗試去搭你的劍，從而使你可以避免他的劍身碰觸，進而創造刺中得分的機會。在擊劍運動中，敲劍和佯攻是樂趣的一部分，沒有這些狡猾的動作，你永遠不可能高度掌控你的對手。

為什麼佯攻、換側進攻和敲劍很重要？

佯攻是用來幫助你探悉你的對手對於某些情況下的反應傾向，由模擬一個的攻擊中，你往往能夠了解你的對手將可能會做出什麼反應，以及對於對手的反應做出更好的準備，但也要小心思維不能被對手所做出來的反應弄得陷入困境。你的佯攻將會被當成攻擊，對手也將會執行他的行動。要記得，你的對手可能非常的聰明，知道當你發出攻擊時他只是給你訊息，但卻刻意地改變他的反應。

在你的攻擊期間，換側進攻對於避免被對手撥擋是有幫助的。換側進攻也可以防止你的還擊被撥擋。換側進攻可以用來迷惑你的對手，如果你的對手無法敲擊你的劍，那麼對手要擊中你將會有更多的困難。把你的劍或你自己放在折中的位置，如此將使你能夠更好的

控制擊劍比賽。在換側進攻來說，最重要的是避免自己的劍被對方的劍身接觸到，而換側也可以用來阻礙你的對手企圖建立某些東西來對付你。

敲劍可以用來作為破壞對手的組織而成為佯攻的一部分，或分散對手的注意力，而你藉機移動去擊中他或建立一個行動去得分。敲劍是使用於清除對手在你進行攻擊時以他的劍所造成的干擾，讓你有明確的路線去擊中有效部位。Zbigniew Czajkowski是著名的波蘭教練和作家，他指出，研究顯示在銳劍擊劍運動員增強的結構中，應用劍身敲劍作為伸手刺擊的準備是重要的，而結果也比較少發生銳劍同時擊中的情形。敲劍有助於保護你直接伸手刺擊和防止被對手進攻的措施。

畫圓敲劍（或反敲劍）是當對手第一次換側企圖敲擊你的劍時，用來接觸對手的武器，或者他們（指銳劍選手）可能用來轉移對手的注意力，這些動作與你在前面單元中學到的畫圓撥擋，是非常相似的。

如何執行佯攻

佯攻類似於伸手，佯攻和伸手之間的差異在於目的和期待的效果不同。佯攻是在特定的時間內完成，以從中獲得對手的反應，並可以從許多的距離去執行。你佯攻對手的一個部位，而他不是用劍身作保護。佯攻應該是對手在你佯攻和他不能直接打你的距離之間執行，但你的佯攻卻可以製造出讓對手覺得他

處於被擊中的危險中，並因為這樣而做出如下頁圖6.1(a)和(b)的反應情形。佯攻行動目的是要獲得對手的反應訊息。在佯攻行動中，美中不足的是你沒有辦法總是能夠知道對手會有什麼反應，所以必須為對手可能做出的任何反應做好準備，這也是一種驚喜的準備。在你做佯攻之前，你必須知道你想要做的反應和對手在你所營造的情況下可能做出的反應，你還必須清楚地知道在每個可能的情況下應該做出的反應是什麼。

佯攻的操作最重要的因素是，你必須從對手的回應中，準備好所要採取的行動，但不要去假設你的佯攻將會獲得什麼樣的訊息反應。當然，你可以推測，但絕不能夠預知，要從經驗中學習從動作開始到結束期間你需要看到的一切。這個策略不能夠把自己帶錯方向，如果你沒有辦法在一個佯攻之後得到對手回應了你所想要的反應，可以改變時間或距離或步法，嘗試去做另外的佯攻。不要陷入喜歡上一個特定的佯攻動作而一遍又一遍的過度使用，每個佯攻所需要的策略各有不同。要記得，你的對手可能選擇不回應，而不回應對於一個佯攻來說是最合意的反應，如此將會讓你喜歡。如果對手並沒有回應，那你就儘管逼近他，就好像你提供給你的對手不同種類的一盤小餅乾，讓他做出選擇，然後再懲罰他、擊中他。當然，你也要為對手在你做出佯攻中的反應或缺少反應做好準備，更要清楚知道你自己的答案，並做出正確的反應。

圖6.1　成功的關鍵

佯攻

準備

1. 在前進距離以起勢面對對手＿＿＿＿＿
2. 對手也是採取起勢姿勢＿＿＿＿＿

(a)

執行

1. 佯攻對手的胸部，但當你劍尖剛過了
   對手的護手盤時，停止動作＿＿＿＿＿
2. 觀看對手的反應＿＿＿＿＿

跟進

1. 手臂恢復到起勢姿勢＿＿＿＿＿

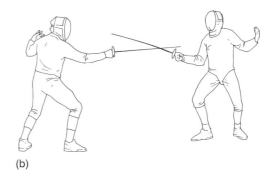

(b)

成功的阻礙

　　不使出狡猾的動作，你的對手將會不看你的佯攻；但也不要太自大，或使對手從你身上得分。不可思議的是，多數常見的錯誤是在做出假動作後獲得了預期的反應，但卻沒有做好應對的準備。另一個擊劍運動員的缺點是決心要迫使對手以一個特定的方式來回應（只設定一種對手的回應模式），卻因此失去了自己本能反應的能力。

錯誤	修正
1. 做佯攻之前與對手靠得太近。	1. 在無論是你或你的對手都不能擊中的距離做佯攻。
2. 離得太遠或靠得太近，做出了無效的佯攻。	2. 佯攻必須是沒有明確力道的動作，堅持太久將會失去正確的時機。你也不能夠試圖迫使對手應對。但是如果你延伸引誘期間太短，你的對手將會沒有時間對佯攻做出回應（例如，突然快速的突刺，但是卻又馬上在對手反應之前縮回來）。

典型換側

在這個步驟中,我們將討論以下劍身換側技術(典型換側)和劍身回縮技術(現代換側)。

如何執行換側

換側是採取一個避免對手劍身接觸的逃避動作。你可以採取劍身往下、越過或回縮的方式,避免與對手的劍接觸。在高部位做一個典型換側時,只需要讓你的劍尖下降到對手的劍下方,而對手的動作是在你的劍身上方頂部做4分位或6分位的撥擋,並重新出現在沒有威脅的另一側。在做典型換側期間要求你的劍尖繼續以螺旋運動向前發展,這時你不能讓劍尖回縮,而是推著劍尖一直向前。如果對手的劍橫向移動,你只要直接將你的劍尖下降到對手劍的下方,等到對手的劍經過你的劍尖,然後你就提高你的劍尖並做伸手(如圖6.2(a)至(d))。

圖6.2　成功的關鍵

典型換側

準備

1. 在前進距離面對你的對手,採起勢以你的劍對著對手的外高部位(6)分位

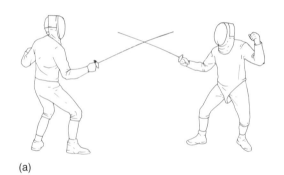

(a)

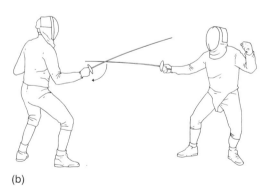

(b)

執行

1. 向對手的胸部做一個短的佯攻_____
2. 對手做4分位撥擋_____
3. 放低劍尖在對手的劍身下方_____
4. 對手的劍身以4分位撥擋動作通過你的劍尖_____
5. 從對手劍身的另一側提高你的劍尖，因為你是繼續螺旋前進_____
6. 你提高劍尖伸手刺向目標_____

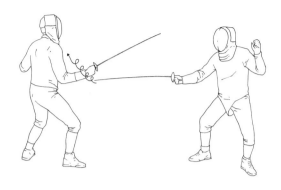

(c)

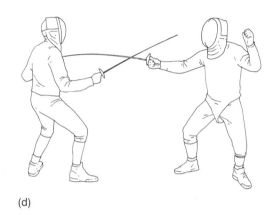

(d)

跟進

1. 恢復到起勢姿勢_____
2. 後退出去的距離（回到原來的距離）_____

成功的阻礙

典型換側的主要問題是獨立於對手之外的移動（自己做自己的動作，忽略對手的反應），而最要緊的是必須在對手擊中或撥擋之前完成。

錯誤	修正
1. 劍尖形成過大移動。	1. 用手指在最小的可能範圍內螺旋移動你的劍尖。
2. 換側期間手臂向後拉回。	2. 以螺旋運動推送你的劍尖向前。
3. 開始換側太早或太晚進行。	3. 用你的眼睛餘光注意對手的劍身移動，同時跟你的對手同步移動你的劍尖，因為他也在移動你的劍。
4. 瘋狂嘗試著從對手所有的動作中換側，卻沒有考慮到從哪邊換側。	4. 以從容的節奏用手指移動你的劍，避免與對手的劍接觸。

鈍劍的現代換側進攻

執行現代換側要撤回你的劍尖離開對手撥擋的範圍，讓他完成劍身的橫向移動，然後你伸手刺向被開放出來的有效目標區（如圖6.3）。這個換側僅限於鈍劍實施，銳劍並不適用。現代換側的好處是針對於所有的進攻和劍身防禦，你只需要學習一個換側的劍身移動，而不需要移動處於水平面的劍尖。你的劍尖必須總是從你的手肘呈一直線，並直接指向對手的有效部位。這種換側只能在對手是以橫向（側向）移動劍身，試圖要和你的劍身接觸的時候使用。當對手在做伸手刺的時候，絕對不能撤回你的劍尖（指鈍劍選手已經發動攻擊時，當對手進行撥擋動作不要馬上將劍收回來，而是採用換側避免被撥擋而繼續攻擊）。要記得，只有在你開始進行伸手才能獲得攻擊權（優先權）。德國奧運代表隊曾經以這種新式的換側而獲得極大的成功。

圖6.3　成功的關鍵

現代分離

準備

1. 在長刺距離以起勢面對你的對手＿＿＿＿＿＿
2. 劍身平行於地面，直接指向對方＿＿＿＿＿

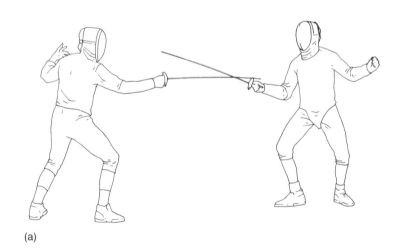

(a)

(b)

執行

1. 佯攻＿＿＿＿
2. 對手開始撥擋動作＿＿＿＿
3. 撤回你的劍尖，劍身與地面保持平行，劍尖仍然指向你的對手＿＿＿＿

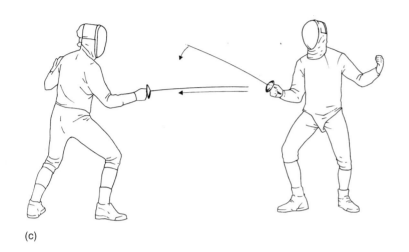

(c)

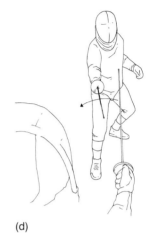

(d)

跟進

1. 當對手的劍身通過你的劍尖時，你就伸手，你伸手並做長刺，用劍尖向前擊中你的對手＿＿＿＿
2. 恢復到起勢姿勢＿＿＿＿
3. 撤退回到原來的距離＿＿＿＿
4. 暫停，保持你的起勢姿勢＿＿＿＿

(e)

(f)

無論是典型或現代換側，分開來單獨進行練習是很重要的。你不能創造出一個混合體，將兩種換側加以組合是不應該做的，這其中最重要的概念是對手的劍是橫向移動試圖去做撥擋，而不是伸手對著你的有效部位刺過來。

錯誤	修正
1. 撤回劍尖太多或在錯誤的時間撤回劍尖。	1. 撤回劍尖的距離只是達到逃避對手試圖去接觸你的劍，所以劍尖縮回時，手肘仍然必須留在身體的前方，縮回劍尖只有在對手做橫向移動或是對手沒有移動劍尖的接近你時（你沒有攻擊權）。保持你的劍尖總是對著對手有效部位和向前推送。
2. 沒有保持劍身與地板平行。	2. 保持劍身與地板平行，劍尖對著對手。保持從手肘到劍尖呈一直線，移動劍尖時彷彿就在軌道上來回進行。

敲劍

當你熟練了前一個步驟的交劍，你就能夠輕易地接觸對手的劍。對於敲劍，你是以拍擊的動作與對手的劍做接觸，用你的前臂帶動劍身加上一個小的猛擊動作，造成一個清脆的聲音，過程中必須保持手臂的平穩。

如何執行4分位敲劍

只有當你的劍身和對手的劍身交叉，你才能夠向對手做出敲劍。你的劍尖緊跟著手部和前臂，以一個小圓弧開始朝著對手的劍移動，然後扣緊你的手腕和前臂，製造你的劍身產生一個急遽的移動（如下頁圖6.4(a)）。你的劍身突然在接觸點上停住（如下頁圖6.4(b)），將所有的力量傳遞到對手的劍上。

你的劍身回到原來的起勢姿勢，以一個輕微的改變，讓劍身與地板平行。這樣做有兩個原因：第一，你的對手也可能嘗試跟著敲你的劍，而對手的劍與你的劍呈水平時，要接觸你的劍比較困難。第二，你需要快速地讓你的劍到達敲劍位置，並準確地擊中。

圖6.4　成功的關鍵

4分位敲劍

(a)

準備

1. 在6分位面對對手做起勢_____
2. 對手的起勢也是在6分位_____

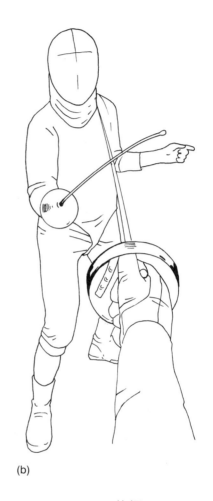

(b)

執行

1. 首先，將你的劍尖對著對手的劍身_____
2. 扣緊你的手腕_____
3. 敲劍時，保持手臂和手腕的穩定_____
4. 在一個敲劍的連續動作之後，接著立即恢復到起勢姿勢，所有動作連續而不停頓_____

跟進

1. 恢復到起勢姿勢_____

有時候擊劍運動員會嘗試以整個手臂及更大的力量去做敲劍，但無論如何，一個好的敲劍是來自於前手臂和手指，因為手臂做很大的運動就像是在通知你的對手，而且動作也慢得多且更容易被看出來。而一個擊劍運動員從對手的劍身移開自己的劍，在試圖進行敲劍之前希望獲得更多的力量並不罕見，但這樣只會更慢，而且更容易被對手換側。

錯誤	修正
1. 在較遠的距離以劍尖去推動對手的劍身。	1. 以明快的節奏接觸對手的劍身，並立即返回起勢。
2. 手肘左右移動。	2. 固定手肘─肘尖對著地板。
3. 敲劍前擺動劍身，從離對手較遠的位置用更多的力量去敲劍。	3. 應用前臂和手指移動你的劍尖對著對手的劍。
4. 試圖向對手與你的劍身處於平行狀態的劍進行敲劍。	4. 確保劍身交叉在適當的角度，使敲劍是有效而不是順著對手的劍滑動，或者是完全失敗。

執行6分位敲劍

6分位敲劍類似於6分位交劍，但在接觸對手的劍身時是以拍擊的方式替代，而你跟對手的劍身都是在6分位的位置上（對手的劍身在你的劍外側）。動作時首先移動你的劍尖，緊跟著用前臂和手腕突然敲擊劍身，手腕保持穩定。前臂做強而有力的縮收，劍尖先開始移動是非常重要的，劍尖、手部、前臂都一起完成所有的動作（如圖6.5）。在敲劍時能夠聽到一個清脆的聲音非常的重要，而且敲劍時不能有滑動的情形。

許多擊劍運動員在這個階段的發展變得非常激動，對於對手的劍會有過度的反應，因此在試圖去擊中對手的劍時，常使得自己的劍身擺動過大。這時候有必要保持冷靜的心理態度和執行精密與準確的技術。運用敲劍作為計畫的一部分，使敲劍成為有目的的行為，自己要很清楚你是想要獲得一個反應或者是要分散對手的注意力，直到你接近對手。節省的使用敲劍，使敲劍更有價值。如果你使用敲劍的頻率過於頻繁，這意味著敲劍並沒有什麼。

圖6.5　成功的關鍵

6分位敲劍

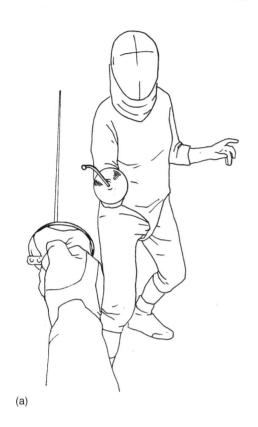

(a)

(b)

準備

1. 以起勢面對夥伴＿＿＿＿
2. 夥伴伸手將劍身朝向你的肩膀＿＿＿＿

跟進

1. 在起勢姿勢上暫停＿＿＿＿

執行

1. 先移動劍尖對著你的夥伴。
2. 劍尖、手腕和前臂在一直線上並同時到達完成敲劍＿＿＿＿
3. 立即縮回手臂，恢復到起勢姿勢＿＿＿＿
4. 敲劍的外觀和感覺像是一個快速移動＿＿＿＿

錯誤	修正
1. 移動手到6分位的位置，但沒有先移動劍尖。	1. 手腕穩固，從劍尖開始，同時移動劍尖、手和前臂。
2. 敲劍之後停留在劍身上。	2. 從起勢移動你的劍身去做敲劍，然後快速地恢復到起勢姿勢。

練習

這些所有的練習和動作可以和一個夥伴來完成，但是要先經過前面整個部分的練習，因為前面的部分可以發展和確保你的個人動作，而不是由另外一個擊劍運動員來增加額外的變數。每天與夥伴實踐這些目標上的練習，在技術上、心理上、感情上追求今天比昨天提升1%。

後腳的位置和你的夥伴在一直線上，不能讓你的夥伴移動腳或傾身或從你的擊中部位遠離。如果你沒有移動而處在固定的位置，這是一個比較容易糾正的正確距離。

夥伴在練習中參與的複雜性可能比你預先想到的還要多，所以夥伴的責任是重大的。而在這個步驟中所概述的練習，要將夥伴的動作盡可能地做到最少化。夥伴在練習中專注於你執行的動作，把責任放在你的肩膀上（你負責更大的責任）。由於在你完成動作之前，夥伴不經意地引起困難點，對夥伴來說這實在是太容易了。練習時必須確定夥伴有穿上很好的棉服（教練服），穿著覆蓋部位更多的教練服是必要的，因為在正常情況下，擊劍運動有許多被擊中的位置被認為是標準的（有效部位）。從較遠的距離擊中夥伴時，你仍然能夠穩定的擊中。

在鈍劍方面，你可以選擇典型或現代換側進行練習；在銳劍方面則使用典型換側。

1. 直接伸手佯攻

在前進距離跟你的夥伴面對面做起勢，你伸手但你的夥伴不做反應，然後你繼續以前進步法擊中你的夥伴，接著你再重複從長刺距離練習，採取長刺擊中你的夥伴，而不是用前進步法去做擊中。

 成功的目標 ＝ 連續以前進步法擊中夥伴相同的位置10次，以長刺重複10次_____

✔ 成功的檢核
· 先移動劍尖_____
· 明確的伸手_____
· 看著目標_____
· 每次擊中後進行修正_____

為了增加難度
· 在夥伴的胸口畫三個圈圈，在圈圈中編上號碼，夥伴呼叫哪一個號碼，你就對著那個號碼去擊中（如下頁圖）。
· 開始行動之前先做前進和後退步法。
· 夥伴左右移動他的劍身，但不會碰你的劍身或阻止你的命中。

為了降低難度
· 慢慢的進行練習。

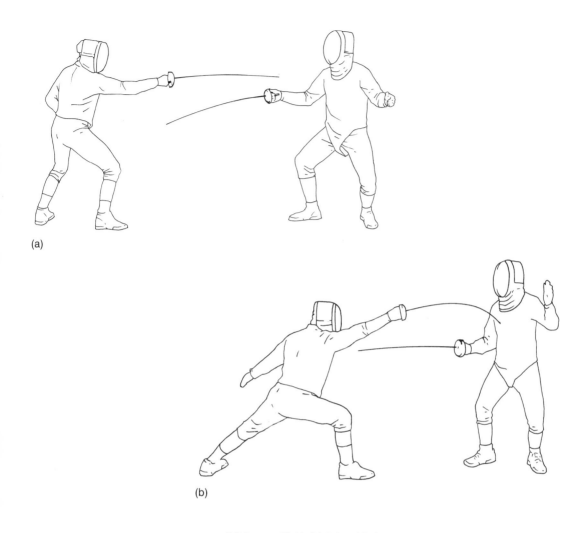

(a)

(b)

2. 佯攻、4分位敲劍、擊中

　　與你的夥伴在前進距離做起勢，夥伴的劍指著你的膝蓋，你佯攻而你的夥伴移動他的劍身到起勢姿勢，然後你做4分位敲劍，接著伸手以前進步法擊中你的夥伴，然後再以長刺距離繼續這個練習，而不再是一個前進步法。

 成功的目標 = 連續10個動作，分別以前進步法和長刺在夥伴的劍身上做乾淨俐落的4分位敲劍（先敲劍，再分別以前進和長刺去擊中夥伴）。

✔ 成功的檢核
・先移動劍尖敲劍＿＿＿＿＿
・穩固你的手腕做敲劍＿＿＿＿＿

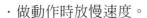

為了增加難度

· 增加重複20組中間沒有停止的練
  習。
· 夥伴變化距離並要求你從距離上
  選擇正確的步法。

為了降低難度

· 做動作時放慢速度。
· 將整個組合動作拆解成許多個小
  部分。
· 夥伴告訴你什麼時候開始哪個小
  部分動作。

3. 佯攻、4分位換側、擊中

　　與你的夥伴在前進距離做起勢，你佯攻並對夥伴的4分位撥擋做換側，你持續
伸手並擊中你的夥伴。從長刺距離重複這個練習。

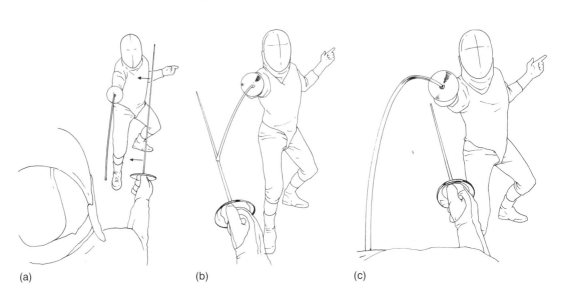

(a)　　　　　　　　　　(b)　　　　　　　　　　(c)

成功的目標 = 當你換側做4分位撥擋時，不要讓你的夥伴接觸到你的劍。重複10組前進步法和10組長刺的練習＿＿＿

✔ 成功的檢核
・保持換側時，動作盡可能的小，用手指操作＿＿＿
・完成換側開始之前先做步法＿＿＿
・如果是採取典型換側，要執行向前螺旋換側＿＿＿
・從夥伴進行撥擋時做換側，不要太早做，也不能太晚做 ＿＿＿

為了增加難度
・你第一個伸手時前進，你的夥伴後退，繼續操作。
・開始練習之前先做前進和後退步法。
・夥伴做小、快的撥擋。
・在四個不同的佯攻期間，夥伴嘗試去接觸你的劍。

為了降低難度
・夥伴做較慢的撥擋動作。

4. 佯攻、6分位換側、擊中

和夥伴以前進距離做起勢，你佯攻並像夥伴做6分位畫圓撥擋那樣做換側，接著你以一個前進步法做伸手並擊中你的夥伴，然後以長刺距離繼續重複做這個練習。

成功的目標 = 當夥伴在做6分位畫圓撥擋時，不要讓他與你的劍身接觸。每次練習都擊中夥伴的同一個位置，連續重複前進與長刺的練習10次＿＿＿

✔ 成功的檢核
・夥伴開始執行畫圓6分位撥擋時，你開始做換側＿＿＿
・保持劍尖盡可能靠近夥伴的劍身＿＿＿
・以一個連續動作做換側和擊中＿＿＿

為了增加難度
・夥伴在前進和長刺的距離之間輪流交替。
・夥伴不斷的變化距離。
・夥伴在不同的時機做6分位動作（將劍畫圓移動到6分位），你佯攻，由夥伴改變時機。

為了降低難度
・夥伴告訴你什麼時候做哪一個動作。
・夥伴需要一個緩慢的6分位移動動作。
・將動作拆解成小部分動作。

5. 4分位敲劍、擊中

與你的夥伴在前進距離做起勢，你做4分位敲劍，你的夥伴回應你的4分位敲劍也在4分位對你做敲劍，你再做一次4分位敲劍（敲2次4分位），然後伸手並前進擊中你的夥伴，接著再以長刺重複做練習。

為了增加難度

· 夥伴變化每次敲劍的節奏。
· 夥伴在動作之前先做前進與後退步法。

為了降低難度

· 每個敲劍後停止。
· 你敲劍後，夥伴在對你敲劍之前先等待。

成功的目標 = 連續 10 次。當夥伴對你做敲劍時，立即以 4 分位敲劍做反應。用前進步法和長刺重複這個練習_____

成功的檢核

· 專注於當你很快敲擊夥伴的劍身後，夥伴回擊你的劍之反應時間。但是不要在夥伴敲劍時，你也對他做敲劍（同時敲劍）_____
· 敲劍時，劍尖與劍身的角度保持與護手盤一樣的高度_____
· 不要在夥伴做敲劍回應你之前，就移動你的劍超過10至15公分_____
· 在移動你的腳之前，先完成你的劍身動作和伸手_____

(a)

(c)

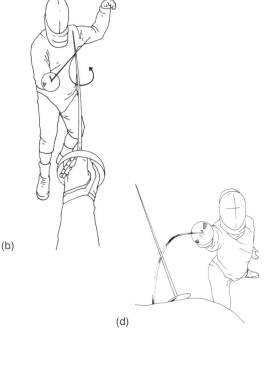

(b)

(d)

6. 4分位敲劍、4分位換側、擊中

與你的夥伴在前進距離做起勢，在4分位對夥伴的劍作4分位敲劍，然後你換側，你的夥伴試圖對你的劍做4分位敲劍，伸手並用長刺擊中。這個動作在鈍劍和銳劍練習都是一樣的。

成功的目標 = 連續10次，讓你的動作成為一個連續的動作，每次都擊中夥伴的同一個位置_____

✔ 成功的檢核

· 你要專注於對手的時機和反應_____
· 不要停留在夥伴的劍身上_____
· 當你敲劍後，劍身的位置是在伸手位置（劍身平直），以幫助你能夠順利換側_____
· 使用小的劍身移動，螺旋劍身向前_____

7. 佯攻、換側、6分位敲劍、擊中

與你的夥伴在前進距離做起勢，你的夥伴做佯攻和4分位撥擋，你跟著做6分位敲劍，然後伸手並用長刺擊中你的夥伴。

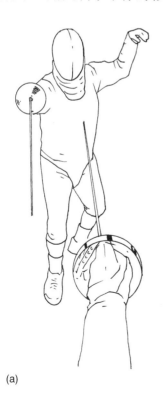

(a)   (b)

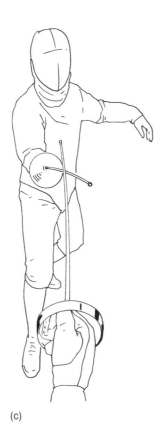

(c)

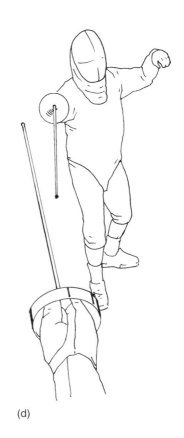

(d)

成功的目標 = 連續10次，做正確的6分位敲劍，製造出一個清脆的聲音，以前進步法和長刺重複練習_____

✔ 成功的檢核

・用你的手指和手腕控制劍去拍擊對手的劍_____

・移動前臂的動作儘量少_____

・在你敲劍的瞬間，伸手刺向你的夥伴_____

・敲劍時要扣緊手腕_____

為了增加難度

・你和你的夥伴採用連續的步法。

為了降低難度

・夥伴在各部分的動作後停止。

・夥伴保持劍尖在高部位。

・慢慢地執行操作

8. 佯攻、換側、4分位敲劍、擊中

　　與你的夥伴在前進距離做起勢，你的夥伴做佯攻和換側，你做6分位畫圓，然後你做4分位敲劍、前進步法並擊中你的夥伴。重複用長刺練習。

　　成功的目標 = 連續10次，使這個練習成爲連續動作，以一個明快的4分位敲劍並且每一次都擊中夥伴相同的位置。用長刺重複練習這個動作10次。

　　成功的檢核
- 在開始之前，想像每個動作＿＿＿＿
- 劍尖僅使用4分位敲劍＿＿＿＿
- 敲劍之後明確的伸手＿＿＿＿

為了增加難度
- 夥伴做很小的換側。
- 夥伴改變他的行動速度。
- 夥伴改變距離。
- 擊中夥伴相同的位置。

為了降低難度
- 每次移動後暫停。
- 夥伴做比較慢的動作。

成功總結

　　當你在攻擊的過程中，要逃避你的對手企圖攻下你的劍，換側是很重要的。而敲劍是將對手企圖干擾你進攻的劍清除掉，進而使你進攻目標的路線更爲清楚。畫圓敲劍主要是應用於拍擊到對手，亦即當你正在做換側或對手用劍敲擊你的劍身時（對手要敲你的劍）。佯攻（假動作）是引誘對手在你完成攻擊之前做出反應，使得你的對手在你做出行動之前做錯反應。

　　在這個步驟中的所有課程增加了物理的可變性，這就是擊劍運動棋局的比賽。你能夠擊中對手是因爲你可以讓你的對手去防禦一個區域，而你卻去攻擊另一個部位，這與好的帶球突破操作者在足球運動中導致鏟球完全失敗，幾乎是相同的方式。在擊劍和足球運動中，並不是純粹的速度和力量，這兩者也並不只是速度和力量。（善用佯攻可以使對手出現因防禦一個部位，造成你所要攻擊的部位處於沒有防守的狀況，讓你的攻擊更容易得分。）

單元七　低部位撥擋：還擊

低部位撥擋是指2分位撥擋、7分位撥擋和8分位撥擋，行動的目的是用劍打偏掉對手的劍，防止有效部位成為被攻擊預定目標的方法。除了撥擋，你也可以透過移動距離或反擊保衛你自己。在銳劍，你可以伸手擊中最近且可以擊中的目標；在鈍劍，你可以伸手到對方的有效區域，而且必須預防你的對手在擊中你之後你才擊中對手，因此在鈍劍中，你不應該常常使用反擊。在撥擋來說，低部位就如同高部位一樣，你可以在後退、原地或採取前進時做出撥擋。

低部位的防禦和還擊，比起上半身的防禦確實稍微複雜一些。防禦低部位必須專注並思考對手武器真正的威脅部位，而且大腿的防禦就像在保護你的臉，這個反射動作必須學習並反覆訓練，直到可以達到自動反射，而還擊必須達到就像在保護臉一樣的反射動作。

低部位撥擋是在對手進行一個攻擊的時候進行的反應策略。對鈍劍而言，攻擊權是重要的。定義上，攻擊行動是一個敲劍和防禦動作，稱之為撥擋。撥擋的意圖是要擊中得分，因此撥擋之後你必須立即還擊並擊中得分。你必須有強烈的得分欲望，撥擋並積極的還擊，不要做了撥擋卻只是在保護自己。

為什麼低部位撥擋還擊很重要？

低部位撥擋還擊是非常重要的，熟練撥擋還擊可以讓你成為一個成熟的、成功的擊劍運動員。如果你只是在高部位作業，低部位身體便會成為一個無防禦的區域。如果你不適當的防守低部位，你的對手將會很快地發現這個弱點並且利用它。你必須沒有恐懼的擊劍，盡可能想辦法限制對手的選項，所以要做好低部位撥擋還擊和反擊，以減少提供給對手最好的攻擊方式。

對於銳劍的反擊，當對手在攻擊低部位時，手的頂部、頭部、肩部被暴露且未受到保護，這是奪取刺中的大好路

徑。

對於鈍劍擊劍運動員將會攻擊對手肘部以下到側翼，或是肋骨部位。希望你不會在對方攻擊的劍尖已經到臨才看到並開始反應動作，因為那時做撥擋已經太遲了。對於銳劍擊劍運動員，你可以注意到大腿或腳的攻擊。從來沒有要你集中或專注於一個部位，隨時都要準備做所有進攻的撥擋和還擊。

如何在低部位執行撥擋

在低部位的撥擋就像高部位一樣，是屬於防禦性的策略。有一些對於高部位撥擋和還擊的實際統計，發現低部位甚至更多。使用低部位撥擋的好時機跟高部位一樣，都是在進攻開始或攻擊最後階段，也就是剛好在對手認為他的攻擊即將到達的那一刻。

對鈍劍來說，低部位的有效部位比高部位的有效部位離對手的距離較遠，這也提供了更多的時間可以做出反應；但對銳劍而言，低部位的目標（腳趾和大腿）則離對手較近。要記住，當在延伸持劍手的那段期間，你撥擋的情形將會取決於你和對手之間的距離。

從你感受到進攻的瞬間，伸手對攻擊的劍發動撥擋，或等待對手剛好達到進攻擊中之前的最後一刻做撥擋。銳劍擊劍運動員應該立即撥擋或對腳或膝蓋

進行反擊，因為這些部位比起對手上半身的任何目標區都比較近。

如何執行7分位撥擋

7分位撥擋類似於4分位撥擋，主要的目的在於保護身體的內下線（內下部位），但是7分位保護的是護手盤的下方。7分位撥擋通常運用來打偏掉對手針對你的內下部位進攻的劍。不過，銳劍並不經常使用7分位撥擋。在撥擋時如果是右手持劍是以順時針發動，也就是從起勢姿勢降低劍尖在護手盤下方橫過身體，在做動作時先移動劍尖，手部和前臂緊緊跟著並一起同時到達撥擋位置，在劍身方面則是以小的圓弧有力的對著對手的劍身移動，持劍手稍微的延伸，遠遠的攻擊劍身。手腕可能會稍微的改變姿勢（依據你撥擋時的距離而有不同），但必須是穩定的控制你的劍並打偏掉對手的劍。在和對手的劍直接指向有效部位，接觸之後，快速移動你的劍身，從劍尖到肘部形成一直線，下一個動作就是撥擋還擊，將手肘維持對著地面（詳見下頁圖7.1），這個姿勢準備讓你可靠的擊中有效部位。而如果你將劍停留在你擊打對方的劍身上，這個動作就叫做對抗撥擋（架劍的動作）。

圖7.1　成功的關鍵

7分位撥擋

準備

1. 以6分位起勢姿勢面對在8分位姿勢的對手_____
2. 順時針移動武器（右手），以斜弧對著對手的劍身_____
3. 保持手腕略微彎曲，在你接觸對方的劍時，讓劍尖低於
   護手盤並稍微向左_____

執行

1. 先移動劍尖，然後再動手部和前臂_____
2. 保持肘部尖端對著地板_____
3. 將武器（劍）側向急速弧形移動，橫
   過你的身體_____
4. 稍微延伸手臂執行你的撥擋_____
5. 劍尖指向對手的大腿_____

鈍劍的撥擋還擊

1. 執行一個敲劍撥擋_____
2. 帶動劍身到伸手位置_____
3. 保持劍身和前臂與地面平行_____
4. 還擊有效部位並擊中_____
5. 恢復回到起勢_____

銳劍的還擊

1. 完成撥擋後，保持在撥擋位置_____
2. 將劍停留在對手的劍身上_____
3. 還擊目標並擊中大腿，做防禦時，劍
   尖比護手盤稍微高些_____
4. 恢復回到起勢_____

(a)

(b)

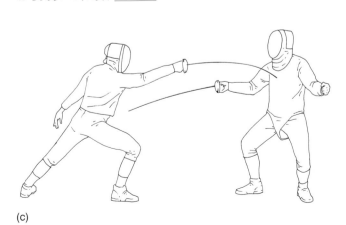

(c)

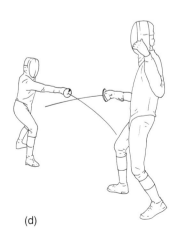

(d)

單元七　低部位撥擋：還擊

111

手、手臂和肩膀處於軟弱狀態與不具效率的姿勢，都是成功阻礙的因素之一。請記得，以一個小的弧移動去做7分位以接觸對手的劍身，就像是4分位

撥擋，除了以手掌向上略為翻轉讓劍尖低於護手盤，也要使持劍手拇指朝向1點鐘方向。

錯誤	修正
1. 產生劍和手臂的動作過大。	1. 用手指和手腕扭動劍身，移動劍尖和護手盤時，動作儘量的小。
2. 握握把時太鬆。	2. 緊緊的用你的握劍方法握緊你的劍，並保持手腕的穩定，這樣才能夠控制你的劍尖和對手的劍。
3. 提高護手盤太高或劍尖放下太低。	3. 保持劍尖針對著有效目標，讓劍處在強勢的位置。

如何執行8分位撥擋

8分位撥擋被稱為是低部位的外側撥擋。就像是6分位的高部位外側撥擋，8分位撥擋類似於6分位撥擋，在差異上除了護手盤和前臂較低外，武器的尖端也是比護手盤還要低。從起勢姿勢的劍尖、護手盤和前臂，以逆時針方向做一個小的弧，向外側去接觸對手的劍（如下頁圖7.2）。

撥擋是劍身針對攻擊進行防禦的運動，在鈍劍是針對正面腹部或肋骨部位，在銳劍還包含了側翼、大腿、膝蓋、小腿或腳。撥擋是由6分位從髖部外側畫圓弧發動劍身去做出撥擋，動作時先移動劍尖，動作結束時劍尖在護手盤之下，緊接著手部和前臂都強而有力的一起到達撥擋位置，前臂肌肉有力的

收縮，手腕保持穩固，並在大腿外側呈一直線時突然的停止動作。

銳劍擊劍運動員經常會使用這個撥擋。比起鈍劍擊劍運動員，銳劍運動員的手必須略為增加伸展和做更強的撥擋。銳劍運動員與對手的劍接觸，不能允許對手有擊中的意圖，甚至在撥擋之後都不能夠被擊中。防守的銳劍運動員具有在對手擊中之前就可以擊中他的認知，因此需要與對手的武器做出強而有力的接觸。銳劍和鈍劍運動員都能夠維持與對手的劍接觸而進行還擊（對抗刺），這就是所謂的對抗撥擋。如果你只敲劍但不保持劍身接觸，這就是個敲擊撥擋。

圖7.2　成功的關鍵

8分位撥擋

準備

1. 在6分位做起勢＿＿＿
2. 鈍劍的對手刺向你的側翼，銳劍的對手刺向你的大腿＿＿＿

執行

1. 先移動劍尖，然後再到手部和前臂，一起結束並相互讚許（用拇指相互比讚）＿＿＿
2. 保持肘部尖端對著地板＿＿＿
3. 右手持劍的擊劍運動員以逆時針畫弧移動劍尖（左撇子是順時針），劍的位置在夥伴劍的頂部＿＿＿
4. 當你做撥擋時稍微伸展＿＿＿
5. 完成撥擋時，運用劍尖對著對手的大腿＿＿＿
6. 劍尖直接指向目標、還擊（鈍劍瞄準腹部或側翼：銳劍瞄準胸部、髖部或更低的部位）＿＿＿

跟進

1. 鈍劍：立即返回到起勢姿勢之後還擊＿＿＿
2. 銳劍：保持手臂延伸，當返回到起勢姿勢之後還擊＿＿＿

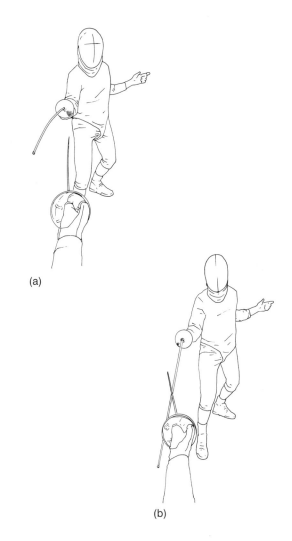

(a)

(b)

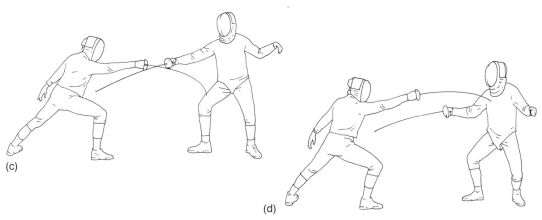

(c)

(d)

大多數錯誤的撥擋是由於不正確的方法，如錯誤的距離和誤判時機。如果

試圖在錯誤的距離撥擋，你將無法控制對手的劍。

錯誤	修正
1. 動作過大。	1. 護手盤稍微向外移動，用手指和前臂以小的弧完成動作。手腕保持穩固，使手肘到劍尖成為一直線。
2. 護手盤落下過低。	2. 保持手肘尖端對著地面，護手盤停止的位置大約與你的腰部同高，大拇指應該指向1點鐘的位置。
3. 使用手腕太多。	3. 保持手腕穩定。

如何執行2分位撥擋

2分位撥擋與8分位撥擋類似，都是手向外轉動，拇指內側指向9點鐘方向。2分位撥擋和8分位撥擋一樣都是運用在低部位外側區域的防禦，不過卻比8分位強得多。鈍劍2分位是在針對肋骨部位的攻擊防禦，銳劍則是運用在對手針對肋區、側翼、髖部、大腿、膝蓋、小腿或腳的防禦。使用2分位撥擋的優點是可以用來保護更大的區域。

從6分位來看，2分位撥擋是翻轉手掌向下朝向髖部區域作逆時針畫弧，以橫向的移動劍身所做成的撥擋動作，劍尖移動到護手盤下方是第一件要做的事情，緊跟著手和前臂都必須強而有力的一起到達撥擋位置。在鈍劍方面，手腕應該稍微翹起來，穩固的與攻擊的劍身保持接觸。在2分位撥擋中，手臂不做完全的伸展（如下頁圖7.3）。

從起勢姿勢旋繞手掌心向下作為移動的啟動動作，劍尖、護手盤和前臂以畫弧方式向下並往外側移動去迎戰對手的劍身，以手掌朝向地板並在小指頭的側面接觸對手的劍身結束動作。2分位撥擋是在低部位中最強大的撥擋，在鈍劍和銳劍也都經常被使用。如果你配合步法去做還擊後再做撥擋，而不是只做持劍手完全的延伸，那麼這個2分位撥擋將使你如虎添翼。你做出還擊動作時讓劍尖做水平移動，透過你的大腿使得劍尖後方的手臂延伸和擊中點成為一直線，而對手（夥伴）的劍應該保持在你的護手盤上。

銳劍擊劍運動員依據對手攻擊目標，劍尖位置會有所不同。腳部的防禦，劍尖的尖端應該要更為向下；膝蓋和大腿的防禦，劍尖應該要高些，並作為對髖部和側翼區的防禦。在鈍劍方面

應該是在相同的位置。銳劍運動員必須和對手的劍接觸，不能讓對手的劍尖有擊中的企圖，甚至在撥擋之後保持著和對手的劍身接觸，且不能被擊中。

圖7.3　成功的關鍵

2分位撥擋

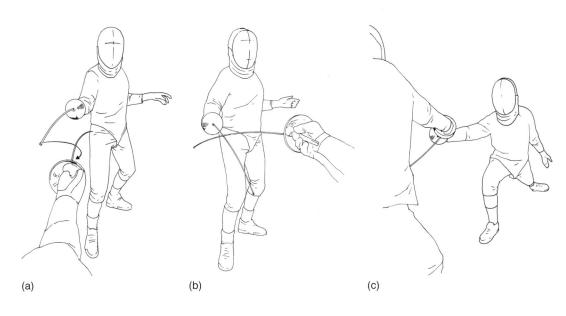

(a)　　　　　　　　　　　(b)　　　　　　　　　　　(c)

準備	執行階段	跟進
1. 持劍在6分位做起勢＿＿＿＿＿	1. 先移動劍尖，然後再到手部和前臂，全部一起完成動作＿＿＿＿	1. 恢復使劍身回到起勢位置＿＿＿＿＿
2. 對手持劍做起勢，以劍尖對著你的髖部＿＿＿＿＿	2. 以逆時針方向畫出圓弧，用小的動作移動劍身＿＿＿＿	
	3. 旋轉手，精細的用手掌向下移動＿＿＿＿＿	
	4. 保持護手盤與肘部呈水平或稍低於肘部＿＿＿＿＿	

單元七　低部位撥擋：還擊

115

成功的阻礙

移動劍尖應該是在一個小圓周中運動，在動作中最主要的問題是肘部抬高並讓肘部到處移動，使得動作非常的大。

錯誤	修正
1. 在準備做撥擋的時候抬高了肘部和護手盤。	1. 保持肘部穩定，移動時盡可能少。用你的前臂，而不是你的手腕。
2. 撥擋下到大腿，替代撥擋結束時在身體的外側。	2. 移動手臂在一個弧形中代替針對著你大腿的撥擋。專注於手和手臂，剛好阻止對手向大腿外側攻擊。
3. 造成誇張的腕部運動。	3. 停止你正刺向對手大腿的劍尖，運用手指去做換側攻擊。

如何由典型換側執行低部位還擊

當你的對手在你還擊時試圖做撥擋，你可以運用一個換側再進行撥擋。你做了撥擋之後，開始延伸去刺有效部位。但是不能夠經由預測對手撥擋去做換側的準備，因為在尋找一個預設的撥擋將會讓你慢下來，而這種遲緩將會讓對手立即做出撥擋還擊。

換側還擊完全依據對手的動作反應，對於低部位撥擋的反應是完成一個典型換側，在完成時，劍尖必須高於對手的劍身。動作的第一個要求是要認清對手將要做哪一個撥擋，辨識清楚之後，只要抬起你的劍尖並高於對手劍身的頂部。當看到對手的劍尖明顯朝著你的方向移動過來，只要看到對手已經過你的劍尖，就必須盡快的伸手刺向有效部位，不能讓劍尖在典型換側中抽回，而是用手指操作劍以螺旋的方式持續向前（如下頁圖7.4）。

圖7.4　成功的關鍵

以典型換側從低部位還擊

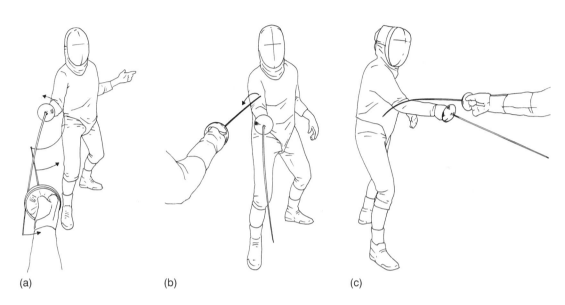

(a)　　　　　　　　　　　(b)　　　　　　　　　　　(c)

準備	執行	跟進
1. 在前進距離面對對手做起勢_____	1. 你做2分位、7分位或8分位撥擋_____	1. 恢復到起勢位置後還擊，並後退到正確的距離_____
2. 對手攻擊你的低部位_____	2. 直接將你的劍尖對著低部位目標_____	
	3. 你以劍尖向前做一個小的移動_____	
	4. 對手試圖做2分位、7分位或8分位撥擋_____	
	5. 提起你的劍尖，讓對手的劍從你的劍身下方經過_____	
	6. 在對手劍身的其他側放低你的劍身，伸手、前進並擊中_____	

還擊的關鍵是時機和距離。還擊時距離太遠、太晚或太早，都會阻礙你的還擊得分。你可能需要等到擁有一個良好的距離進行撥擋以延伸還擊、前進長刺或飛刺，這部分你將會在單元九中學習。換側必須是在對手企圖去對你的劍做撥擋那瞬間完成，而不是在對手做撥擋之前就先完成。

錯誤	修正
1. 沒有做及時的還擊。	1. 你必須伸手還擊。如果對手撥擋，那麼你就換側。不要猶豫並立即還擊。
2. 做換側時動作過大。	2. 保持你的劍身盡可能靠近到對手的劍身或護手盤。

畫圓撥擋

在比賽中，你可以撥擋對手的劍身，他換側時你先試圖去做撥擋，這是在低部位畫圓撥擋中重要的知識。如果對手攻擊你，你做了側向的撥擋並與對手的劍繼續處於同一條線上，那麼可能需要一個畫圓撥擋。

如何執行2分位、7分位或8分位畫圓撥擋

低部位畫圓撥擋基本上和高部位畫圓撥擋一樣。當對手做出低部位佯攻和換側時，你移動劍去做撥擋。畫圓撥擋要求你在對手劍身的上方以畫圓的方式移動，在對手的外側做出畫圓撥擋，追逐對手的劍身。若對手做了伸手刺擊時，要接觸他的劍。你的手可以一樣保持在7分位或8分位做側向的撥擋（如下頁圖7.5），2分位撥擋時則轉動你的手掌向下。

圖7.5　成功的關鍵

2分位、7分位或8分位畫圓撥擋

(a)

(b)

準備	執行	跟進
1. 面對對手在6分位做起勢_____	1. 移動到撥擋位置，但你沒有趕上對手的劍身（就是不要敲到劍，因為他也要換側）_____	1. 劍身恢復到伸手距離做起勢_____
2. 你的夥伴在7或8分位中選擇一個做低部位的攻擊（2和8在同一個線上，在3撥擋時只是手的位置不同）_____	2. 對手在你撥擋時換側_____	2. 準備做擊中_____
	3. 跟隨在對手的劍身周圍，提升你的劍尖超過對手的劍身之上_____	
	4. 拍擊對手的劍身，並在劍身接觸時突然停止動作_____	

成功的阻礙

忽視低部位攻擊或沒有認清它們作為第二攻擊的一部分,是導致被不必要擊中的原因。猶豫不決是會慘敗的,成功決策是經驗的結果,從許許多多錯誤的決策中決定和採取行動,會使經驗增長,所以行動是教育,不要氣餒也不要猶豫,從每一種情況中找到可以學習到什麼,並採取行動。

錯誤	修正
1. 做第一個撥擋動作太大。	1. 用力的縮緊前手臂並扣緊手腕,停止橫向移動並在正確的位置做撥擋。
2. 做圓太大、用手腕。	2. 以你的劍尖跟隨對手的護手盤,做出一個緊貼著的圓。
3. 提高肘部到側面。	3. 提高手肘的可能結果有手臂和肩膀鬆弛,或肩膀和頸部緊張。加強手部、手臂和肩胛,按下肩膀和手肘朝向地板。

低部位撥擋還擊

練習

1. 7分位撥擋

這次練習將可以幫助你學習如何防禦你的低部位目標避免受到攻擊。在前進距離以6分位起勢姿勢面對你的對手(夥伴),夥伴前進並伸手刺向你的低部位內側,你做7分位撥擋並伸手擊中對手。對於銳劍,你可能會擊中髖部以下。鈍劍和銳劍你可以做撥擋,並直接對胸部還擊。

成功的目標 = 撥擋對手的劍身,但不能不小心被擊中。還擊相同的有效部位10次_____

成功的檢核
· 先從6分位移動劍尖,以弧形向下向左移動_____
· 稍微向內側移動護手盤和前臂_____
· 稍微延伸你的劍身,你撥擋對手的劍_____
· 你撥擋後,劍尖直接刺向你打算擊中的部位_____

為了增加難度

- 保持與劍身接觸和命中。
- 從長刺的距離做練習。
- 增加前進與後退。你的夥伴引導、他停止，並伸手刺向目標。
- 還擊不同的目標區域。

為了降低難度

- 做較緩慢的練習。
- 每個部分的練習後停止。

2. 7分位畫圓撥擋

在前進距離面對夥伴做起勢，夥伴向你的低部位做前進和佯攻，你後退並嘗試做7分位撥擋。夥伴抬起他的劍在你的劍上方，就像你嘗試撥擋並繼續刺向你的低部位。你跟隨在夥伴劍身周圍並做畫圓撥擋，你要接觸夥伴的劍身，因為他完成了換側，然後你還擊夥伴的側翼或胸部。銳劍部分，你也可以瞄準夥伴的髖部或大腿。

 成功的目標 = 正確撥擋並在10次指定區域攻擊中，準確還擊擊中7次

✔ 成功的檢核

- 先移動劍尖_____
- 前進到達夥伴的劍身，但不能拉你的手臂向後_____
- 穩固的接觸劍身_____
- 不要讓你的劍身混亂的擺動_____

為了增加難度

- 對手更改為還擊距離，你必須選擇正確的步法。
- 向低部位還擊（銳劍為大腿）。
- 留在對手的劍身和還擊，你的夥伴不能嘗試從你發動還擊時阻止你擊中他。

為了降低難度

- 不要從延伸距離做所有劍身動作。
- 恢復到起勢；不要還擊。

3. 8分位撥擋還擊

在前進距離面對夥伴做起勢，你的夥伴在你的護手盤之下刺向你的髖部，你做8分位撥擋和以前進步法還擊，擊中夥伴低部位中的有效部位（鈍劍為側翼），銳劍則伸手刺向大腿或側翼，你的劍停留在對手的劍身上（封閉撥擋）。

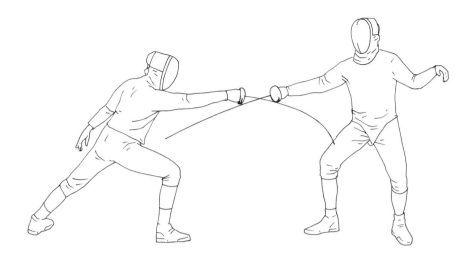

成功的目標 = 正確的撥擋，嘗試在10次指定區域攻擊中，準確還擊擊中7次_____

✔ 成功的檢核

· 先移動劍尖_____

· 對手的劍身應該在你的護手盤周圍_____

· 銳劍留在對手的劍身上；對於鈍劍，你可能會留在夥伴的劍身或敲擊招架還擊另一個有效部位_____

為了增加難度

· 夥伴在對你的劍做敲劍之前先伸手。

· 對手改變還擊的距離，你必須選擇合適的步法。

· 對於鈍劍和銳劍8分位敲劍撥擋並還擊不同的有效部位。

為了降低難度

· 打破整體動作，分解成各個組成部分。

· 做較慢的動作。

· 撥擋，保持只做撥擋而不還擊，回到起勢姿勢。

4. 8分位敲劍撥擋與換側

　　面對夥伴以前進距離在6分位做起勢，夥伴伸手前進刺向你的髖部，你敲劍，後退做8分位撥擋，然後向夥伴的胸部做佯攻。夥伴嘗試做6分位撥擋，你做換側、前進並向胸部還擊。在鈍劍方面使用現代或典型換側，銳劍則使用典型換側。

擊劍 邁向卓越

 成功的目標 ＝ 嘗試在10次攻擊中，有7次準確擊中對手指定區域＿＿

 為了增加難度

・提高速度。
・對手呼叫（指定）不同的地方，你進行還擊。
・夥伴伸手之前先進行前進和後退步法。
・夥伴伸手之前先對你的劍身做敲劍。
・對手改變還擊距離，你選擇合適的步法。

為了降低難度

・做較慢的動作。
・將整體動作分解成各個組成部分。

✔ 成功的檢核

・保持手腕穩固＿＿＿
・以小圓弧移動劍尖做撥擋和換側＿＿＿
・保持肘部向下＿＿＿
・還擊時先移動劍尖＿＿＿

5. 8分位畫圓撥擋還擊

　　面對夥伴以前進距離在6分位做起勢，鈍劍夥伴向你的側翼作佯攻，銳劍夥伴對你的髖部以前進步法對你作佯攻，你後退並做8分位撥擋，夥伴在你劍的上方做換側、前進步法並繼續攻擊你的低部位，你後退並跟在對手劍身的周圍，完成你的畫圓8分位撥擋，將劍停留在對手的劍上面並以前進步法對著對手的側翼作還擊。銳劍則可以選擇還擊大腿作為替代（指側翼與大腿可以二選一）。

 成功的目標 ＝ 嘗試撥擋，在10次攻擊中有8次準確命中＿＿＿

 為了增加難度

・從不同的步法開始動作。
・用長刺還擊。

為了降低難度

・慢慢地進行演練。
・練習每個部分的動作後停止。

✔ 成功的檢核

・以起勢姿勢後退＿＿＿
・保持手腕穩固＿＿＿
・以小圓弧移動劍尖＿＿＿
・保持肘部向下，從劍尖到手肘應該要成為一直線＿＿＿
・你保持以護手盤在上方，並強而有力的在8分位擊中對手的劍身＿＿＿

6. 2分位撥擋還擊

面對夥伴以前進距離在6分位做起勢，夥伴伸手和前進刺向你的側翼或髖部，你後退並做2分位撥擋以前進還擊。

成功的目標 = 正確撥擋，並嘗試在10次指定區域還擊中準確擊中8次

_____

成功的檢核

· 先移動劍尖_____
· 小弧度移動劍尖_____
· 移動撥擋時，旋轉手掌心向下_____
· 不要延伸你的手臂去做撥擋_____
· 不要抬起肩膀_____

為了增加難度

· 銳劍做2分位撥擋和還擊不同區域各1次，首先還擊髖部，第二還擊大腿和第三就還擊腳下，重複序列。鈍劍方面則是還擊側翼，拿到攻擊權後立即還擊對手沒有劍保護的胸部。

為了降低難度

· 慢慢的練習。
· 各部分的動作後停止。
· 保持撥擋並恢復到起勢，不要還擊。

7. 2分位撥擋與換側

面對夥伴以前進距離開始起勢，夥伴以前進步法對你的低部位佯攻，你後退並做2分位撥擋，然後對著夥伴的胸部佯攻，你的夥伴做6分位撥擋而你換側並前進擊中夥伴的胸部。佯攻和擊中是由大拇指來運作的。

成功的目標 = 嘗試在10次指定區域還擊中準確擊中8次_____

成功的檢核

· 先移動劍尖_____
· 當你撥擋時，確保護手盤和劍身是在你的髖部外側_____
· 小圓弧移動劍尖_____
· 最後的佯攻_____
· 用手指做換側_____
· 保持手腕穩固_____
· 你伸手時，旋轉為大拇指豎起的位置_____

為了增加難度

- 夥伴伸手刺之前先做前進和後退
  步法_____
- 夥伴伸手刺之前先對你的劍身做
  敲劍_____
- 當你做2分位撥擋，在做伸手刺
  擊之前，鬆開剛才按壓對手的劍
  _____

為了降低難度

- 緩慢做動作_____
- 將整體動作分解成各個組成部分
  _____

8. 控制中的比賽

開始與對手做起勢，使用整條的擊劍道，積極的做前進和後退的移動。你的夥伴將會發動一個真正攻擊到你低部位的動作，你對這個攻擊的撥擋是以2分位撥擋並對你喜歡的部位還擊。如果你選擇還擊夥伴的胸部，你的夥伴可能嘗試以6分位做撥擋，所以你可以練習換側；如果你選擇還擊低部位，你的夥伴會沒有撥擋。

成功的目標 = 比賽1分鐘，休息1分鐘。每回合1分鐘的比賽期間，最少要擊中1分_____

✔ 成功的檢核

- 保持好起勢姿勢_____

為了增加難度

- 快速的移動前進和後退的距離。
- 對手發動更多的攻擊。
- 每次攻擊之後立即恢復到起勢，
  並從所在位置開始下一次行動。
  不要返回到起始線。
- 持續彈跳。

為了降低難度

- 對手要攻擊時會告訴你。
- 慢慢的執行操作。
- 對手等待你去撥擋並允許還擊。

成功總結

　　低部位撥擋重要的部分是護手盤的位置,當你還擊——特別是在封閉撥擋而你把劍留在對方的劍身上時,你必須穩固的握住你的劍,並把劍身和護手盤保持在你的身體外側部位才是有效的。用最好的技術就能夠順利完成整個動作,就算是世界和奧林匹克運動會冠軍的培養、練習,也都是在追求每次的練習提高1%的正確性,這是擊劍運動員每天都在努力改善的功課。

單元八 低部位攻擊：在比賽中加入多變性

在這個單元中，我們將要探討在低部位伸手刺擊時的劍身運動、佯攻、變換交劍、敲劍和換側攻擊。低部位是指你在起勢姿勢時低於護手的部位，在鈍劍是下半部的軀幹，在銳劍則包含了髖部以下的所有區域。

以起勢姿勢來看，交劍在低部位完成劍身交叉時，劍尖低於護手盤下方。而低部位變換交劍則是要求你越過對手劍身的上方去替代剛才處於對手下方時的位置，這個動作也同樣適用於換側。如同在高部位，變換交劍在低部位是一個極為良好的攻擊和防禦的準備動作。動作時，劍是從交劍和變換交劍中直接推移。你可以採取多樣化的方式做敲劍，也可以從遠離對手防禦有效部位的位置，使用鋼硬的敲劍去敲打對手的劍身，亦可以採用輕輕的敲劍來操縱對手並取得信息，你將會發現每次都會從對手獲得明顯的不同反應。

為什麼低部位動作很重要？

在低部位的機動進攻對於增強和改變比賽是必要的，低部位的動作能夠使你適應你的對手、改變你的比賽，並利用對手的弱點。低部位攻擊讓你的對手比看高部位攻擊更難看清楚。學會多樣化的動作與技能，將會幫助你成為一個優秀的擊劍運動員，並戰勝你的對手。

交劍和變換交劍是為了蒐集關於對手更多的重要訊息，並幫助開發對於劍的控制，變換交劍、敲劍和換側以便於在低部位用來迷惑、控制和欺騙對手。

在低部位移動會展現從對手身體的另一半得分，所以這些動作也幫助並支撐你造成對手的壓力，而不是讓對手構思對抗你的計謀。當對手失去平衡和困擾時，更容易分散注意力，而你操縱和主導直到對手讓步，在這種情形下，你就能夠得分。低部位動作可以使鈍劍運動員更為全面性，銳劍運動員也必須擁

有良好的低部位技能。

尤其是鈍劍運動員，因爲多數伸手直接刺向對手的胸部，伸手直刺低部位也可以非常的成功，這就好比是足球場上後衛迂迴突擊。伸手直刺在適當的時機使用將增加多種的進攻能力，也會使對手感到驚愕。在對手肘部下方伸手刺的好處有很多，一、你可以將劍身隱藏在對手的手部下方，這樣對手將會看不到你的劍尖。二、特別是鈍劍運動員，對手在低部位的撥擋通常都比高部位的撥擋不熟練。三、對手通常都會驚愕。四、包含佯攻，擊中對手的側翼（側面）是一個和其他動作融和的精采組合，保持讓你的對手在精神上以及身體

上不確定你的下一步行動，並保持讓對手失去平衡的方法。

在銳劍來說，直接擊中大腿的步調是一個很好的變化，這可以迫使對手對更大的目標區域進行防禦。此外，大腿很容易擊中。低部位動作還有一個目的，便是分割對手集中在有限的目標區域中的專注和能力。

如何執行低部位伸手

低部位的伸手類似於高部位的伸手，兩者之間存在的差別在於劍尖指向哪一個目標區域。低部位伸手是在對手起勢姿勢從護手盤下面做伸手刺（如圖8.1），鈍劍刺向側翼或肋骨區域，銳

圖8.1　成功的關鍵

低部位伸手

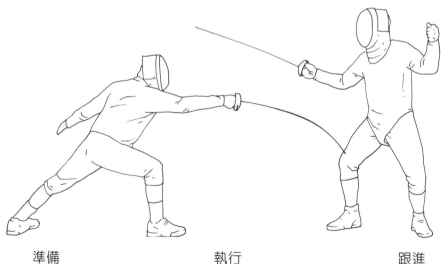

準備	執行	跟進
1. 在長刺距離跟你的夥伴以6分位做起勢姿勢＿＿	1. 用手指穩固的握住劍＿＿	1. 恢復到起勢姿勢＿＿
2. 專注於目標，放鬆肩膀＿＿	2. 順利伸手到低部位目標，擊中目標＿＿	2. 做一個快速的自我分析＿＿
	3. 不要鎖住你的肘部＿＿	3. 選擇一個部分加以改善＿＿

劍還包含了腿部。伸手是由一個平穩、快速延伸直接對準你意圖擊中的部位。對於你直接伸手去擊中，必須是在對手對於你所要發動的動作沒有任何的警戒跡象，所以你不能緊縮肩膀或做出任何不必要的身體動作。

如何執行伴攻

伴攻跟低部位伸手刺的動作一樣，但是你並不打算在第一個行動中擊中對手。伴攻想要成功，必須讓你的對手相信這個伴攻的實際目的是在擊中，並使得對手嘗試做出防禦自己的動作反應。如果你做得太過於細微（動作不明確），這個伴攻將會失去效力。低部位的伴攻應該用不同的節奏、多變的距離和多變的初步行動去誘使對手陷入你的策略中（如圖8.2）。伴攻應該是對手受到引誘，對手必須因為覺得他將受到攻擊而做出回應。對於一個伴攻，你應該不能持續太久或讓對手可以引導你的劍身、反擊或採取其他的防禦或逃避措施。

圖8.2　成功的關鍵

低部位伴攻

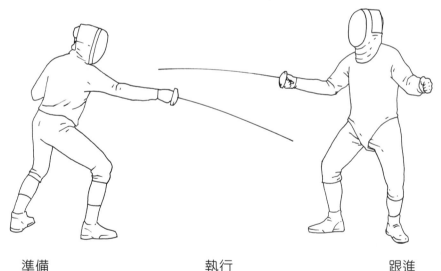

準備	執行	跟進
1. 以長刺距離做6分位起勢 _____	1. 伸手刺擊，但是不要使用短的擊中 _____	1. 恢復到起勢姿勢 _____
2. 專注在你所要擊中的目標 _____	2. 保持平衡 _____	2. 做一個快速的自我分析 _____
	3. 不要過量使用 _____	3. 吸收正確的動作元素 _____
	4. 讓你的訓練夥伴或對手有回應的機會；不要嘗試在伴攻中做出讓對手反應的動作；動作要平穩 _____	4. 選擇一個部分作為提升和改善 _____

成功的阻礙

肩部和劍尖之間的直線距離縮短將會使佯攻失敗，並導致伸手時肩部往下的距離太短而使得佯攻無法引起注意。你必須完全達到目標區域。在佯攻中，最大和最常見的問題是做出一個成功的佯攻時，高度要求你的對手必須在你的佯攻中做出你想要他做出來的反應，而造成在佯攻動作上停留的時間太久。

錯誤	修正
1. 對手對於反應毫無準備。	1. 注意。
2. 緊縮肘部和提高肩膀。	2. 保持手肘放鬆和肩膀輕鬆地放下。
3. 佯攻之前移動腳步。	3. 佯攻時保持膝蓋彎曲，前腳往前移動2至3公分。

如何執行低部位交劍和變換交劍（變換部位）

面對你的對手，在低部位做起勢姿勢。持劍時，你的劍尖應該要低於護手盤，你自己的劍身位置是在你與對手的持劍手臂做四分之三延伸時，可以交劍（擊中對手的劍）的距離（如下頁圖8.3）。訓練夥伴的劍應該保持靜止狀態，你從夥伴劍身的一側移動你的劍到另一側。動作時是用你的手指操作劍尖，移動變換到夥伴劍身的另一邊。移動劍尖時，動作儘可能的小。換側時，對手兩邊的劍身都必須接觸過。每一次換側接觸對手劍身時都要停下來。

成功的阻礙

有些人會因為對手接觸了他們的劍而分心，練習交劍將會幫助你對於劍身的接觸變得更有信心，還可以學會控制對手的劍。

錯誤	修正
1. 粗暴的接觸訓練夥伴的劍身，並且太快從一側移動到另一側。	1. 接觸劍身時要平穩。
2. 手腕鬆軟，造成劍身移動過大或失去控制。	2. 運用手指移動劍尖到對手劍身頂部的動作盡可能小，保持手腕穩固。
3. 接觸劍身時，太靠近護手盤。	3. 在你需要接觸對手的劍身時，如果接觸點太靠近護手盤，你將會失去控制或感受對手劍身的能力。在你探索對方的劍時，最適合的方法是穩固而輕巧地接觸對方的劍。

圖8.3　成功的關鍵

低部位交劍和變換交劍

準備

1. 在前進距離面對對手在低部位做起勢 ＿＿＿

2. 保持劍尖低於護手盤＿＿＿＿＿

3. 持劍手臂做四分之三延伸＿＿＿＿＿

執行：交劍

1. 穩固的在對手劍身的一側做劍身接觸 ＿＿＿

2. 恢復到起勢＿＿＿＿＿

3. 穩固的在對手劍身的另一側做劍身接觸＿＿＿＿＿

執行：變換交劍

1. 在訓練夥伴一側的劍身上做交劍＿＿＿＿＿

2. 將你的劍移動到對手的劍之上＿＿＿＿＿

3. 動作時只用手指，輕鬆和容易的移動，劍身運動儘量小＿＿＿＿＿

4. 在對手劍身的另一側做交劍而無須回到起勢＿＿＿＿＿

5. 穩固的交劍＿＿＿＿＿

跟進

1. 恢復到6分位起勢姿勢＿＿＿＿＿

低部位敲劍

在低部位中的分位有7分位、2分位和8分位敲劍，以及7分位、2分位和8分位撥擋。除了敲劍是以明快的接觸對手劍身與不和對手的劍身作較長時間的接觸外，其他基本上都是一樣的，請參考單元七中低部位7分位、2分位和8分位撥擋。

如何做7分位撥擋

7分位覆蓋了低部位護手盤內側四分之一的範圍，4分位則覆蓋了高部位內側的四分之一範圍（如下頁圖8.4）。7分位敲劍是敲擊對手攻擊身體下方的劍身，敲劍時和4分位相仿，但是你和對手的劍都處於低部位的位置，此時對手的劍是在你的低部位內側。敲劍時必須保持手腕的穩固，輕輕的做敲

劍，因為敲劍本身並不是一個強勢的動作，但卻能夠非常有效的迷惑對手。動作時先移動你的劍尖，接著護手盤和前手臂一起到達完成位置，突然讓劍身快速、輕巧的剛好拍擊在對手的劍上做接觸。劍身的移動是以順時鐘半圓畫弧向下去接觸對手的劍身，這動作是對手直接針對你的腰部水平線以下部位，直接刺過來的劍尖所做的反應。7分位敲劍時會形成劍尖比護手盤還要低的位置。

7分位敲劍

準備

1. 在前進距離以6分位做起勢＿＿＿＿
2. 夥伴伸手刺到你的6分位內側＿＿＿＿

執行

1. 從起勢姿勢移動你的劍對著你的夥伴，劍身以畫半圓方式順時針向下移動＿＿＿＿
2. 保持手腕穩固＿＿＿＿
3. 劍尖的尖端對著對手的大腿上部位作完美的結束＿＿＿＿
4. 不要讓劍停留在對手的劍上＿＿＿＿

跟進

1. 劍身恢復到起勢姿勢＿＿＿＿
2. 不要將劍身停留在對手的劍上＿＿＿＿

8分位敲劍

　　8分位敲劍是在低部位中最有用的敲劍動作。敲劍時，劍尖必須低於護手盤，保持手腕伸直，穩固的敲擊對手的劍，拇指保持在1點鐘的位置，從起勢姿勢以逆時針方向的弧線向下方移動劍身，以你的劍身接觸對手的劍身，將劍尖對著對手的大腿。

如何執行2分位敲劍（第二姿勢）

　　2分位防禦的區域和8分位相同，但是2分位比起8分位在動作上要強許多，並且能以不同的變化取代8分位做不出來的動作。從起勢姿勢，以做一個半圓動作向下降低你的劍尖，並旋轉你的手成為手掌向下的姿勢。當拇指旋轉到9點鐘方向時動作結束，你的劍身在

你的髖部靠近髖部高部的外側位置停止劍身動作，你的劍尖是朝向對手並對著他的髖部。這個敲劍動作和你先前所學習到的其他所有敲劍中，不同的是手部和前手臂的旋轉動作。

如何及何時做換側

換側取決於反射和對手的動作，你不能夠做預先的換側，但是必須盡可能做好換側的準備。如果你向對手做了敲劍而對手也回過來向你做敲劍，那你已經營造出一個換側的情境，這時你可以直接做一個低部位的佯攻，這個動作也可能會刺激你的對手為了防禦自己而做出7、8或2分位的撥擋，也就營造出你可以做換側和擊中對手的情境。當對手在低部位做7、8或2分位撥擋，而你在對手橫向移動他的劍身時，提高劍尖超過對手的劍身做換側。

低部位進攻動作

練習

銳劍在低部位的擊中練習中可以擊中髖部以下的任何地方。一般來說，擊中的區域更為廣泛，包括了髖部、大腿和腳趾等。鈍劍則是擊中肋部和側翼。

1. 擊中腰部以下

低部位佯攻、換側並擊中。

面對夥伴在長刺距離以6分位姿勢做起勢，向夥伴的髖部做佯攻，夥伴做一個慢的8分位撥擋，你在夥伴撥擋時換側並做長刺擊中夥伴。如果是鈍劍，你要擊中夥伴的側翼。在動作過程中不要讓夥伴接觸到你的劍，但是在練習期間夥伴如果碰巧接觸到你的劍，還是要繼續順利的做換側練習。繼續換側的目的是防止對手接觸劍身，但是在一開始練習可能都會接觸到，這要一直到你發展出時機和感覺，才能夠順利的換側而不被對手做撥擋時接觸到劍身。

對銳劍而言，低部位攻擊的目標是大腿，因為大腿比夥伴身體的其他部分都更接近你；但對鈍劍運動員就應該避免相同的撥擋方式。在銳劍中，如果你的夥伴在你換側期間擊中你的劍身，你要繼續圍繞轉移夥伴的劍，並繼續你所要進行攻擊的意願與行動，而不被這困擾的情況影響。需要明白銳劍並沒有攻擊權，所以當夥伴接觸到你的劍身，並不會像鈍劍一樣有失去攻擊權的問題。

成功的目標 = 練習在15次的攻擊中，有10次以上擊中夥伴指定的目標_____

 成功的檢核

· 保持穩定的劍尖_____

· 使換側盡可能小_____

為了增加難度

· 在長刺發動期間做換側。

· 以前進長刺執行操作，在你的攻擊期間於夥伴不同的部位和時刻做換側的攻擊練習。

為了降低難度

· 完成換側並在移動腳步之前先伸手。

· 夥伴需要做一個大動作的8分位撥擋。

· 慢慢的做動作。

2. 畫圓2分位擊中

在前進距離面對你的夥伴以6分位姿勢做起勢，然後和夥伴在7分位做交劍，接著做一個2分位畫圓敲劍、提高劍尖、伸手，並在夥伴後退中擊中他的胸部。

成功的目標 = 嘗試在訓練夥伴指定區域的15次攻擊中擊中10次＿＿＿＿

✔ 成功的檢核

· 旋轉你的手，當拇指在9點鐘位置時停止轉動你的手＿＿＿＿

· 以清脆的聲音輕快地對訓練夥伴的劍身做敲劍＿＿＿＿

· 以拇指向上做伸手＿＿＿＿

為了增加難度

· 鈍劍擊中訓練夥伴的側翼；銳劍擊中訓練夥伴的大腿。

為了降低難度

· 以前進腳步擊中，夥伴保持靜止。

擊劍

邁向卓越

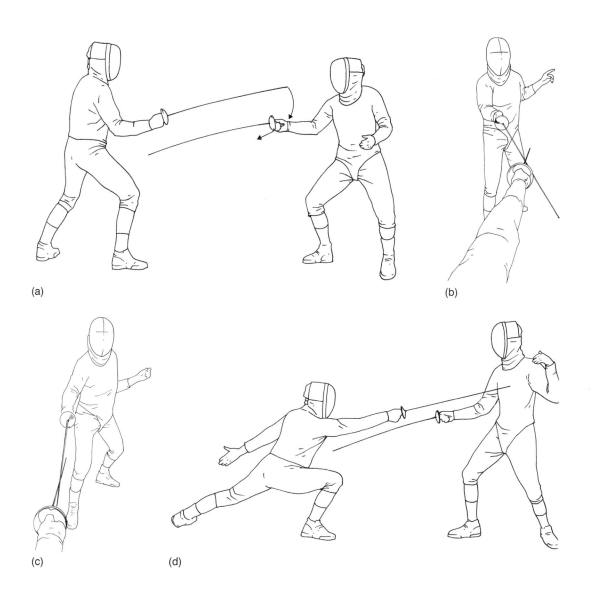

(a)

(b)

(c)

(d)

3.7分位敲劍、擊中

以長刺距離面對夥伴以6分位做起勢，你的夥伴將劍放在8分位的位置，然後你向夥伴做7分位敲劍，接著伸手、長刺並擊中夥伴的胸部。

成功的目標 = 在訓練夥伴指定區域的15次攻擊中擊中10次_____

✔ 成功的檢核

· 先移動劍尖，在夥伴的7分位做敲劍 _____

· 先移動劍尖擊中目標_____

· 鈍劍在長刺之前，手臂做四分之三延伸；銳劍手臂要完全伸展，但是不能有僵硬和繃緊的情形_____

· 進攻的最後6英寸要加快速度_____

為了增加難度

· 行動之前需增加機動性。

· 對於銳劍，擊中對方的大腿或手臂。

· 以前進長刺執行練習。

為了降低難度

· 以前進步法替代長刺執行練習。

4. 畫圓7分位敲劍

以長刺距離做起勢，和夥伴在8分位交劍。你做一個7分位敲劍，接著以一個前進步法對夥伴的胸部做佯攻，你的夥伴後退並做6分位畫圓撥擋，這時你做換側並伸手以一個長刺擊中夥伴的胸部（你的夥伴只能做一次後退步法）。

◎ 成功的目標 = 在夥伴指定區域的 15次攻擊中擊中10次_____

✔ 成功的檢核

· 運用手指操作劍尖_____

· 以一個伸手做明確的佯攻_____

· 做小動作的換側_____

為了增加難度

· 當你在做佯攻時，有時你的夥伴變化他的反應，他並不是只有做撥擋。當他沒有做撥擋時，你必須繼續做佯攻，直到在連續動作中伸手並擊中夥伴。

為了降低難度

· 慢慢地執行操作，每一個動作後停止動作。

· 依據夥伴的口頭指令進行練習。

5. 畫圓8分位撥擋與換側、擊中

面對夥伴在前進距離做起勢，與夥伴在7分位做交劍。當你發動畫圓做8分位敲劍後朝夥伴胸部佯攻時，你的夥伴向後在7分位壓你的劍身。夥伴做6分位撥擋而你做換側，在鈍劍要擊中夥伴的側翼或胸部，銳劍則要擊中側翼、胸部或大腿。

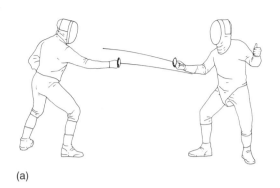

(a)

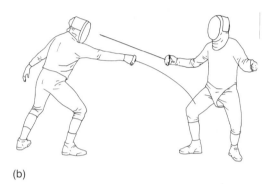

(b)

 成功的目標 = 在夥伴指定區域的
15次攻擊中擊中10次_____

✔ 成功的檢核

· 從你的劍尖到肘尖形成一直線，並在
  7分位交劍；不要完全伸展你的手臂
  _____

· 以穩固的手腕和前臂做8分位敲劍
  _____

■■■ 為了增加難度

· 做動作之前要增加機動性。
· 用長刺命中。
· 從遠距離做練習。

　　　　　為了降低難度
· 慢慢的做動作。
· 每個步驟的練習後停止。

6. 防禦者的選擇

與夥伴在長刺距離做起勢，在6分位交劍，然後鈍劍在側翼或銳劍於髖部區域做出佯攻，如你做出一個前進步法，你的夥伴慢慢以後退做一個7或8分位的撥擋。你的夥伴將會在7或8分位之間輪流做撥擋，他也將會讓你有時間做換側。當你換側以後，接著伸手、長刺和擊中，夥伴不後退，讓你以每個動作選擇擊中不同的目標。

成功的目標 = 在夥伴指定區域的
15次攻擊中擊中10次_____

✔ 成功的檢核
· 在長刺前換側_____
· 用手指做小且精準的換側_____

■■■ 為了增加難度

· 行動開始之前採取移動性（距離
  變化或動態動作）。
· 夥伴不等待你而加快撥擋。
· 夥伴選擇變化時間對你的佯攻做
  撥擋。

　　　　　為了降低難度
· 每個部分動作後暫停。
· 夥伴先告訴你，他在撥擋之前將
  會採取哪些撥擋。

7. 在8和7分位交劍與變換交劍

在長刺距離做起勢並和夥伴在8分位交劍。你和你的夥伴變換交劍2次,在下一個交換動作中你換側,你的夥伴變換交劍,但是你不能讓你的訓練夥伴碰觸到你的劍。接著你做延伸、長刺,並在夥伴結束換側動作之前在低部位擊中訓練夥伴。在這個動作中,你的夥伴必須保持不能退出你的長刺距離。再以同樣的距離跟夥伴在7分位做交劍,之後重複前面的練習。

 成功的目標 = 在夥伴指定區域的
15次攻擊中擊中10次_____

✔ 成功的檢核
· 穩定的做變換交劍_____
· 每個動作之後允許夥伴接觸到你的劍身,直到你換側並擊中為止_____

 為了增加難度
· 在你變換交劍時,改變方向以增加機動性。
· 在你變換交劍並換側擊中之前,做組數和時間選擇的改變。

為了降低難度
· 每一次變換交劍之後暫停。
· 夥伴緩慢的變換交劍,並讓你做換側和擊中。

成功總結

你以低部位目標進攻移動增加你在比賽中的變化,其目的在於逼迫對手使用所有的防禦工具。你也想讓對手保持在不確定你下一個行動的狀態。經由探測對手所有的防禦動作,你將更容易發現到對手沒有防禦的部位,哪一個部位你可以容易接著進攻。隨著你在各種動作處置上的變化,你將更容易讓對手對於你的行動感到訝異。當對手沒有防禦的目標越大時,你將會有更多的得分機會,同時你也會迫使對手做出更多的錯誤。

單元九 長距離步法：征服廣闊的空間

你已經學會了前進步法、後退步法、長刺和彈跳，在這個單元中，將介紹兩種類型的飛刺。典型飛刺是最流行的第一種類型的飛刺步法，可以用極快的速度涵蓋廣大的範圍；第二種類型是教導初學者和作為準備練習典型飛刺的飛刺步法，我們稱之為第二類交叉飛刺，以便於從典型飛刺中區分開來。

飛刺是使用賽跑的步伐去擴展你的範圍。飛刺也能夠使你比長刺從較遠的距離擊中你的對手。飛刺更是一種飛行運動空降攻擊，它的成功必須依賴從哪一個時機和距離開始做出飛刺的動作，速度和驚奇也是比賽的一部分。飛刺和長刺不同的是，飛刺被要求後腳要越過前面的腳而成為前腳，使得飛刺能夠比前進或彈跳獲得更長的距離；也可以先後退吸引你的對手向前，再接著以極大的速度改變方向。飛刺應該從任何位置突然出現，讓對手感到震驚。

要執行飛刺，持劍手臂必須先朝向目標向前延伸，這是執行飛刺時的重要關鍵。你也應該要有從劍尖、劍身牽引著你的身體在一直線上向前的感覺。如果你的飛刺速度夠快，飛刺會直接刺向對手，你卻無法在擊中時停止。擊中發生之後，要立即快速經由對手沒有武器的那一側快跑通過。不要對著牆上靜止的目標做飛刺練習，因為你不可以從目標的旁邊跑過去。最重要的是，飛刺必須保持身體姿勢的正確，並確保每個動作在時序和協調上都是正確的。

交叉飛刺運用腳步運動的模式與典型飛刺類似，但是因為交叉飛刺的身體動作像長刺一樣，你恢復到面對對手做起勢姿勢，這一個選項（交叉飛刺）讓你擁有比長刺更長的距離，同時還保持一隻腳仍在地面上。這也使得開始學習飛刺的擊劍運動初學者更容易學習到飛刺的技術。飛刺的魅力就在於動作是如

此簡捷，並可以結合長刺使用以引誘對手在擊劍中和你稍微靠近更近的距離。幾個長刺使對手的場地短了，就能夠抓住他的注意力，並讓對手去衡量哪一種距離可以擊中，然後你就可以做一個交叉飛刺或典型飛刺，去刺中不知情而仍在判斷距離的對手。

為什麼飛刺很重要？

因為飛刺可以在極短時間內讓你像跨欄一樣獲得極大距離的延伸，所以當對手失去平衡和沒有準備防衛他自己時，飛刺可以讓你在極大距離擊中對手。交叉飛刺讓你覆蓋了比長刺更遠的距離，但沒有像典型飛刺一樣有空中的飛行。交叉飛刺如典型飛刺一樣，不需要完整的支撐去做攻擊。

飛刺的戰術使用

個子矮小的擊劍運動員因為無法以一個長刺就到達刺中對手的距離，所以使用得非常頻繁。飛刺可以使用任何的步法去完成，它可以在一個前進步法、一個彈跳、一個後退、一個長刺等動作之後去完成。但是最好的時機是當你的對手在向前移動的時候，因此，飛刺可以讓你的攻擊更具動力、效率和效果。

在做長刺腳步時，後腳提起向前以

類似賽跑一樣的移動腳步超越前腳，你應該在後腳剛好要接觸地面之前擊中對手。當你在執行飛刺時，不能以你的身體接觸對手，必須繼續以跑步的方式離開對手而且不能接觸到他。如果兩個擊劍運動員之間發生身體接觸，稱之為身體碰撞（身體接觸），那是被禁止的情況，並且會給導致發生身體碰撞的擊劍運動員一個警告。

如何執行飛刺

從起勢姿勢延伸持劍手執行飛刺，然後發動動力強大的雙腿作為主導，像發射彈丸一樣將你整個人向前發射出去，騰空飛行的推進你自己朝向對手而去，突破重力並在達到最高點時以一個攻擊擊中對手（如下頁圖9.1）。你的頭腦和身體全都為這個易變的動作做發動的準備。對於這個過度的移動，猛烈和不顧後果的動作，提出一個難以防守的方法，那就是繼續飛刺和跑步經過對手。但在飛刺經過對手身體的第一時間，對手可以在你經過他的身體之後擊中你，可是你不能在經過對手身體之後才擊中他，所以你最好的防禦就是快速跑步經過你的對手。為了使飛刺之後的前進比較容易，你可以覆蓋更遠的距離。

成功的阻礙

飛刺動作必須從正確的距離完成，擊中也必須在後腳接觸地面之前發生。擊劍運動員在腿部移動之前延伸持劍手啟動飛刺，這樣將會有時間從對手的反應中做出正確的反應，這是非常重要的。

錯誤	修正
1. 在延伸持劍手之前，腿部開始動作。	1. 在開始移動腿部做飛刺之前先延伸你的持劍手，伸展的程度約為在完全延伸的四分之三。
2. 沒有用前腿推動。	2. 完全的延伸持劍手手臂並用前腳推動。
3. 保持腿太直。	3. 彎腿並停留在較低的位置。
4. 直接向對手跑去。	4. 記得從對手的左、右側過去。
5. 前進時「向上」替代了「前進」。	5. 在你向前傾失去平衡時用腿推蹬。

圖9.1　成功的關鍵

從一個前進做飛刺

準備

1. 在前進長刺距離面對你的夥伴做起勢
　　＿＿＿＿＿

執行

1. 開始伸展持劍手臂＿＿＿＿＿
2. 前進步法＿＿＿＿＿
3. 伸手並以後腿推蹬＿＿＿＿＿
4. 伸展後臂與前腿推蹬＿＿＿＿＿
5. 在後腿降落接觸地板之前擊中對手
　　＿＿＿＿＿
6. 保持身體呈側面＿＿＿＿＿

跟進

1. 擊中後，繼續跑步經過你的對手，你與他的身體不能有碰觸＿＿＿＿＿
2. 從對手沒有武器的一側經過＿＿＿＿＿

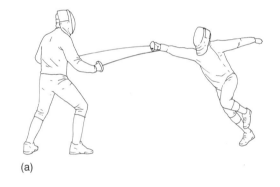

(a)

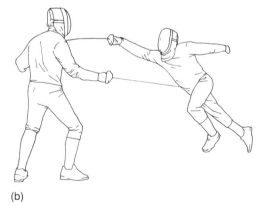

(b)

如何從後退飛刺

　　你在飛刺之前後退到將前腳放置在地板上，並在開始飛刺之前使得前腳負擔更多的壓力，這是非常重要的（前腳是你做飛刺的動力來源，如圖

141

9.2），所以一定要順利的轉移重心，後腳要做強烈和迅速的推蹬，腳趾朝向前方相同的方向以賽跑方式移動，後腳必須在對手前進之前及他能夠改變方向並開始後退之前完成向前步伐。動作時，保持你的髖關節前部向前而足部在後，重量在過程中沒有轉移回來（整個一直往前），完全延伸你的手臂，突然巧妙地改變方向，在後腳落地之前擊中對手的肩部。〔本段簡單的說就是在對峙狀態下，先將前腳縮回一些，然後將身體重心往前移，持劍手先做四分之三的伸展，在快失去身體重心時突然先啟動後腳蹬地，並以跑步方式帶膝關節往前，接著前腳再做推送與後蹬，將動力傳送帶動身體往前。在空中動作中，原本是後腳的腳要提起膝蓋並保持在原來的前腳之前，足部留在膝蓋後方（如圖9.2），讓身體有騰空飛行前進的感覺。這時，持劍手要對著對手做完全的延伸動作，並在後腳（在空中已變成前腳）落地前擊中對手肩部。落地後要迅速地從對手身側繼續向前跑出去，因為在你落地後，對手仍然可以打你，所以要跑開，而且過程中不能夠撞到對手，否則會因為造成身體接觸而被判警告。〕

圖9.2　成功的關鍵

從後退中飛刺

準備

1. 面對你的對手在長刺距離做起勢姿勢 ____

執行

1. 對手做前進步法 ____
2. 你配合對手的前進做後退
3. 延伸持劍手手臂 ____
4. 推髖部向前 ____
5. 後腳推向前帶動膝蓋提高 ____
6. 前腳做強而有力的推蹬 ____
7. 保持身體完全拉直，在後腳落地之前擊中對手 ____

跟進

1. 你加速從對手沒有阻擋的那一側不停的跑過去 ____
2. 保持你的軀幹轉向一側，直到你通過對手 ____

緊張的肩膀和頸部會導致飛刺的問題，在飛刺時必須防止你的頭部、身體、腿部在手臂開始延伸之前向前推進。保持膝蓋彎曲，重量均衡的以稍微向前的方式分配到腿上。

錯誤	修正
1. 用腿開始。	1. 在你開始以腿部推蹬之前，先延伸持劍手。
2. 直腿和臀部後方提高。	2. 保持膝蓋彎曲（原來的後腳）和拉抬下巴。
3. 轉移體重又回到後腳（重心又向後移）。	3. 在飛刺開始前，體重平均分配（重心可以稍微向前）。
4. 當對手已經開始後退再啟動飛刺，為時已晚。	4. 在對手開始前進時發動飛刺。
5. 轉動後肩向前。	5. 延伸後手臂，將後肩向後拉並保持側身。

如何執行交叉飛刺

對於初學者而言，交叉飛刺是極具欺騙性的，因為它有一個非常長的範圍。交叉飛刺是帶動後腳向前移動一個長的步伐（如下頁圖9.3）。你在交叉飛刺中攻擊的長度將是從前腳的位置決定，而不是後腳，所以，交叉飛刺能夠隱藏在攻擊時所能覆蓋的距離。延伸你的持劍手臂並以後腳用力推蹬，前腳用力的驅動，後腳在落地時，後腳跟在前腳的前面。你也必須保持肩膀從側面看來成為一直線，也必須在後腳落地之前擊中你的對手。不要讓身體向下降落或向前暴跌，這是一個胸部完全直立的行動。練習時向前恢復或向後退回到起勢姿勢。

對鈍劍運動員來說，還必須注意後面的肩膀不能轉動而超過前面的肩膀。在鈍劍規則中不能允許產生這種後肩超過前肩而不需要受到懲罰的情形。如果你在動作過程中發生後面肩膀超越前面肩膀的情況，你不要做擊中的動作，因為你的對手可以因為你的犯規擊中而得到1分。為了預防後肩超過前肩的情形發生，當你在做長刺時，後手臂向後延伸，可以讓你的後肩留在後面；而銳劍對於肩膀的定位，規則上就沒有跟鈍劍一樣的要求了。

圖9.3　成功的關鍵

交叉飛刺

準備

1. 面對你的對手在飛刺距離做起勢姿勢
_____

執行

1. 延伸持劍手臂_____
2. 推蹬後腿並向前跨步_____
3. 前腿用力推蹬_____
4. 保持你的頭和下巴呈水平_____
5. 雙肩保持水平_____
6. 後腿以腳跟落地_____

跟進

1. 以前腳再次跟隨經過向前位置_____
2. 轉動後腳回到起勢姿勢，腳尖指向側面_____

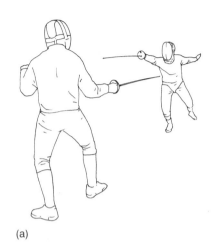

(a)

(b)

成功的阻礙

　　當你能夠保持控制與平衡時，交叉飛刺將會是有效的。隨時準備擊中，但是對於意外的事也要做好準備。

錯誤	修正
1. 落下時低著頭。	1. 頭部和下巴保持水平。
2. 持劍手臂延伸之前，身體移動。	2. 在你的大腿、頭部或身體移動之前先延伸手臂。
3. 身體上下移動。	3. 保持肩膀在側面位置的同一條線上。

長距離步法

練習

1. 飛刺

在飛刺的運用上，你可以使用典型飛刺或交叉飛刺。和你的夥伴在飛刺距離做起勢，你做延伸和飛刺。為了使情況更為逼真，你的夥伴可能需要在你剛擊中之後退開，但仍然是安全的。

 成功的目標 = 連續擊中夥伴肩膀上相同的位置10次＿＿＿＿

✔ **成功的檢核**
- 先延伸手臂，劍尖急迫向前＿＿＿＿
- 用腿推蹬＿＿＿＿
- 保持抬頭＿＿＿＿
- 確實張開眼睛並保持眼睛看著目標＿＿＿＿
- 擊中後從夥伴的身側跑過去＿＿＿＿
- 不要讓身體接觸到你的夥伴＿＿＿＿

為了增加難度
- 先做2個前進步法和3個後退步法、停止、然後飛刺，夥伴保持距離。
- 在同一個地方彈跳，然後飛刺。

為了降低難度
- 緩慢的執行飛刺。

2. 前進飛刺

面對你的夥伴在飛刺距離做起勢，你的夥伴後退、你前進，當你的夥伴停止後退時，你做飛刺，擊中夥伴並從夥伴側面跑過，連續做10次。

 **成功的目標** = 當你的夥伴停止後退時，你做飛刺＿＿＿＿

✔ **成功的檢核**
- 手臂先開始＿＿＿＿
- 當夥伴還在後退時，不要做飛刺＿＿＿＿
- 前進與夥伴後退一樣的距離＿＿＿＿

3. 後退飛刺

在飛刺距離做起勢，你的夥伴前進、你後退。你的夥伴停止，你從後退中做飛刺。

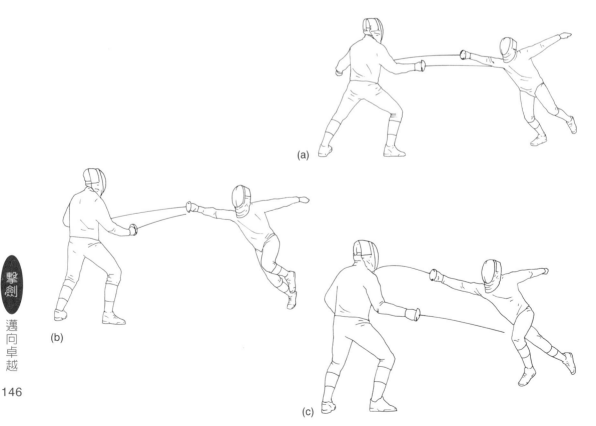

(a)

(b)

(c)

為了增加難度
· 夥伴做出2個前進步法，你保持
　距離，然後飛刺。
· 夥伴停止之前，在2個前進和1個
　前進之間做出變化。

為了降低難度
· 慢慢的行動。

 成功的目標 ＝ 連續擊中夥伴身上
預期目標的同一地方10次_____

✔ 成功的檢核
· 延伸手臂，劍尖急速向前_____
· 身體保持側面_____
· 保持體重平均分布於雙腳，轉移重心
　前移_____
· 務必把前腳踏在地板上，你開始飛刺
　之前完成撤退_____

4. 換側飛刺

　　以前進飛刺的距離做起勢，夥伴做出一個小的前進步法並移動他的劍到4分位
撥擋的位置，接著你向夥伴做飛刺前進並在他的4分位換側（因為夥伴做4分位撥
擋），在前腳移動到能夠做換側之前，你必須先延伸手臂。

 成功的目標 ＝ 在10次的飛刺中，
至少有5次以上擊中夥伴，而且不能讓
你的夥伴擊中你的劍身_____

✔ 成功的檢核
· 腳步移動之前，手臂完全延伸和換側
　_____
· 為了飛刺安全，確保距離不能太近__
　____

 為了增加難度
· 你做前進和後退步法，你的夥伴
　保持距離。
· 你做連續後退，停止後退並飛
　刺，夥伴前進和做4分位撥擋。

為了降低難度
· 夥伴不前進。你從飛刺距離開
　始。
· 慢慢的執行操作。

5. 飛刺的選擇

　　和你的夥伴在飛刺距離做起勢，你的夥伴運用小尺寸的腳步做2個前進和2個後
退，你跟隨著（他前進時你後退，他後退時你前進）。當你覺得時機正確了，你就
做飛刺。

 成功的目標 = 你保持正確的距離和飛刺,在正確的時刻擊中指定的目標,連續練習10次＿＿＿＿

 成功的檢核

· 維持良好的起勢姿勢＿＿＿＿
· 膝蓋保持彎曲＿＿＿＿
· 把注意力集中在放鬆肩膀和先用手指移動劍尖＿＿＿＿

為了增加難度

· 夥伴提高腳步移動的速度。
· 夥伴改變腳步的節奏。
· 夥伴改變腳步和步伐的大小。

為了降低難度

· 每個前進和後退之後停止。
· 慢慢的練習。

6. 快速飛刺

和夥伴在飛刺距離做起勢,你的夥伴將劍擺在8分位,你選擇向夥伴的肩膀做飛刺。你的夥伴在你將要擊中目標之前嘗試用6分位對你的飛刺做撥擋,然後你才能擊中目標。動作中,你的夥伴不可以往後仰或後退。

 成功的目標 = 在10次的飛刺中,擊中你的夥伴2次以上＿＿＿＿

成功的檢核

· 保持放鬆＿＿＿＿
· 順利並迅速做出行動,開始移動劍尖,而且保持肩部不緊繃＿＿＿＿
· 張開眼睛看著劍尖擊中目標＿＿＿＿
· 頭保持向上＿＿＿＿

為了增加難度

· 夥伴在4分位撥擋和6分位撥擋中輪流交替執行。
· 你站在原地,而你的夥伴前進和後退;你選擇執行飛刺的時機。
· 夥伴站在原地,而你做前進和後退。要確保你從正確的距離做飛刺。

為了降低難度

· 從更短的距離做飛刺。
· 夥伴慢慢撥擋並讓你擊中他。

7. 飛刺的判斷

你和夥伴間以飛次距離做起勢,由你引導做3個前進和2個後退步法。你做佯攻,讓你的夥伴做4分位撥擋或6分位撥擋。當你的夥伴做了6分位撥擋而不是4分位

撥擋時，你只做飛刺和換側。如果你的夥伴做了4分位撥擋，你則要迅速地退到距離之外。

依照相同的練習（和前述情況相同），但是改夥伴做4分位撥擋時，你做飛刺；夥伴做6分位撥擋時，你則退到距離之外。

成功的目標 =

· 當你的夥伴做了6分位撥擋時，你做出正確的決定，採取一種飛刺，能夠在10次的攻擊中擊中夥伴5次_____

· 重複練習，當夥伴做出4分位撥擋時，選擇一種正確的飛刺，能夠在10次的攻擊中擊中夥伴5次_____

成功的檢核

· 積極的佯攻而不過度表態，讓你的夥伴覺得他必須回應_____

· 迅速後退的時候對於你的飛刺是無法撥擋的_____

· 做出執行飛刺或迅速後退的決定____

為了增加難度

· 你的夥伴引導步法，你可以選擇合適的時機飛刺。

· 你以彈跳方式代替腳步的運用作前進或後退。

為了降低難度

· 慢慢的做動作。

· 當你正在做步法時，夥伴告訴你要做哪些飛刺動作。

8. 移動式飛刺

與你的夥伴在飛刺距離做起勢，你引導步法做3個前進和2個後退，你的夥伴跟隨，然後你的夥伴伸手，你做4分位撥擋或6分位撥擋並以飛刺還擊。

 成功的目標 =

正確的連續執行10個行動，擊中夥伴肩膀上同一位置8次。你必須做撥擋，並在身體移動執行飛刺之前伸手_____

✔ 成功的檢核

· 從較低的起勢姿勢做飛刺_____

· 步法必須是你的夥伴能夠跟隨的速度_____

· 開始飛刺之前撥擋夥伴的劍身並伸手_____

 為了增加難度

· 夥伴在每三個假動作中只有做一次回應。

· 以4分位撥擋做飛刺5次和以6分位撥擋做飛刺5次。

· 讓夥伴來決定攻擊4分位或6分位的部位。

為了降低難度

· 慢慢的做前進和後退步法。

成功總結

飛刺的成功取決於你的時機、距離和技術。你必須嘗試著在後腳踏落地之前擊中對手，你也必須機動的在對手還有時間後退到距離之外的位置以前就能夠擊中他，並在對手對你的飛刺還沒有做好準備的瞬間擊中他。在練習的過程中，你將會開始感受到飛刺的時機和距離，並將這些體現到你的比賽中。在練習中你做得越多、速度越快，你學到的技術、時機和距離判斷也就越多。

評估你的進步情形

透過在每一個技術的空格中寫上正確的數字來評估自己進展的情形。當你完成並檢核填入數字，接著就會得到進步的關鍵指標。

5 = 優秀　4 = 高於平均值　3 = 平均　2 = 低於平均值　1 = 不成功

1. 起勢_____
2. 前進步法_____
3. 後退步法_____
4. 彈跳前進_____
5. 反彈後退_____
6. 法國式握把握劍_____
7. 槍式柄把握劍_____
8. 刺靶_____
9. 改變移動方向_____
10. 延伸_____
11. 長刺_____
12. 從長刺向前恢復_____
13. 從長刺向後恢復_____
14. 直刺_____
15. 交劍（低部位、高部位）____
16. 變換交劍（低部位、高部位）

_____
17. 4分位撥擋_____
18. 6分位撥擋_____
19. 還擊_____
20. 畫圓4分位撥擋_____
25. 4分位敲劍_____
26. 6分位敲劍_____
27. 2分位撥擋_____
28. 8分位撥擋_____

29. 7分位撥擋_____
30. 從低部位還擊_____
31. 換側還擊_____
32. 典型換側還擊_____
33. 現代換側還擊_____
34. 畫圓2分位撥擋_____
35. 畫圓8分位撥擋_____
36. 畫圓7分位撥擋_____
37. 典型飛刺_____
38. 交叉飛刺_____
39. 低部位佯攻_____
40. 低部位伸手刺_____
41. 2分位敲劍_____
42. 8分位敲劍_____
43. 7分位敲劍_____
44. 畫圓2分位敲劍_____
45. 畫圓8分位敲劍_____
46. 畫圓7分位敲劍_____
47. 成功攻擊_____
48. 成功防守_____
49. 了解攻擊_____
50. 了解防禦_____
51. 了解停止動作_____
52. 進攻和防禦間的交替能力_____
53. 限制破壞性的自我暗示_____

54. 回合間的專注能力_____

55. 堅持_____

56. 能夠後來居上_____

57. 規劃和理解回合戰術_____

58. 在一個回合中的靈活性，改變戰術的能力_____

59. 觀察對手的學習能力_____

60. 設定目標_____

總分_____

分數	進展
100-110	優秀
90-100	高於平均值
80-90	平均
低於80	低於平均值

　　你可以使用這些對於每一個技術的得分等級，作為評估你必須在哪個步驟中做更多練習的方法，這對於幫助你計畫特別專心在哪個步驟中的練習是有用的。

　　甚至當你的等級已經達到了優秀的水準，不要以為你的工作已經結束了，因為總是還會有改善的空間。

名詞解釋

未交劍（Absence of blade）

雖然擊劍是兩把劍的交戰，劍身卻沒有相互接觸。

前進步法（Advance）

擊劍中移動的一種類型，從起勢姿勢中以腳步向前方推進。

前進距離（Advance distance）

是指透過前進腳步使劍向對手移動，製造出可以經由持劍手的延伸而擊中對手的距離。

攻擊性防禦（Aggressively defensive）

侵略性的壓迫對手，等待對手做出動作後，再用你所具備的動作擊中對手。

攻擊（Attack）

進攻的一種動作，有計畫的擊中對手得分。

平衡（Balance）

控制自己的身體保持平衡、維持穩定，控制腳在向後或向前移動中輕鬆自在的能力。

敲劍（Beat）

以快捷的動作，用自己的劍身擊打對手的劍身。

2分位敲劍（Beat 2）

當你用自己的劍身敲擊對手的劍身，而敲擊對手的劍是在比你的劍還要低的外側分位（介於6分位和8分位之間）。

4分位敲劍（Beat 4）

當你用自己的劍身敲擊對手的劍身，而敲擊對手的劍是在比你的劍還要高的內側分位。

6分位敲劍（Beat 6）

當你用自己的劍身敲擊對手的劍身，而敲擊對手的劍是在比你的劍還要高的外側分位。

7分位敲劍（Beat 7）

當你用自己的劍身敲擊對手的劍身，而敲擊對手的劍是在比你的劍還要低的內側分位。

敲擊撥擋（Beat parry）

簡捷的用劍身擊打對手攻擊過來的劍，快速的用敲擊方式將對手的劍打偏掉的一種防禦性動作。

護手盤（Bell guard）

覆蓋在握把前端外側的圓型盤狀金屬盾，用來保護手，也可以用來保護身體。

劍身（Blade）

由細長的柔性鋼製成，爲武器（劍）延伸的部分，用來發動攻擊擊中對手。劍身也可以用來作爲防禦和保護自己的目標。

彈跳（Bounce）

擊劍運動中移動的一種類型，應用輕微的彈跳力完成，慣用於在起勢姿勢狀態時動作。擊劍運動員腳與

膝蓋在最小運動量之下，使用足弓動力進行前進與後退。

動作結束（Bout）

在兩個處於競爭中的擊劍運動員或處於比賽狀態中的兩個擊劍運動員，當擊中數到一個特定數字時（如5分、8分、15分）和一個確定獲勝時（如比數一方15分或時間到而比數不同或1分鐘內擊中1分）時爲動作結束。

變換交劍（Change of engagement）

改變使用同一個路線或另一邊與對手的劍接觸，輕輕但扎實地接觸，讓劍重新在對手的另一側做交劍。

變化擊劍線（Change-the-line）

劍身從一個擊劍線移動變換到另一個擊劍線。

畫圓敲劍（Circle beats）

以劍身畫一個小小的圓，再與對手的劍接觸。你必須清楚且迅速地以敲擊方式敲擊對手的劍。經常地將劍從對手劍身的一側換到另一側（如果對手躲開你將敲擊劍身的那一側時），完成進攻動作。

畫圓撥擋（Circle parries）

以劍身用微小的圓去接觸對手的劍，並將劍扎實地擊打或擋在對手的劍上，完成防禦動作。

4分位畫圓撥擋（Circle parry 4）

當對手攻擊較高的內側部位（4分位）時，以一個小的逆時針做畫圓（事實上依劍道方位有所不同，基本上是從身體外側往內側畫圓），

在胸口前區以自己的劍擊打對方劍身的防守動作。

6分位畫圓撥擋（Circle parry 6）

用來作爲保護高外線（持劍手臂和肩膀區、6分位）的攻擊防禦動作，以一個小的順時針做畫圓（事實上依劍道方位有所不同，基本上是從身體內側往外側畫圓），在胸口前區以自己的劍擊打對方劍身的防守動作。

典型換側（Classic disengage）

也稱轉移，爲了避免對手嘗試用劍來接觸你的劍身時的劍身逃避動作。動作時，自己的劍尖向下繞過對手的劍尖下方。當對手試圖再接觸你的劍時，你保持劍尖對著對手目標持續螺旋以避開劍身被敲擊。

典型飛刺（Classic fleche）

步法以很快的速度涵蓋了非常大的距離，發動連串攻擊的策略類型，透過機動的推動向前飛行以進行攻擊。

互擊（Corps a Corps）

兩個擊劍運動員都在進行刺擊的擊中動作時，使得他們不能做出有效的轉移他們武器的動作。通常會造成護手盤互相撞擊。

交叉飛刺（Crossover fleche）

一個向前腳步且涵蓋了比長刺還要長的距離，是以賽跑的腳步形式，使後腳向前邁出長步發動攻擊，但並沒有飛起來。

反擊（Counter attack）

在對手進攻期間，採取伸手或攻擊對手最近且沒受到保護的目標。

反撥擋（Counter-parry）

一個圓形的撥擋（事實上為對手撥擋後透過繞圓後再進行撥擋）。

危險區（Danger zone）

兩個擊劍運動員之間的距離可以擊中得分，也就是你和對手之間的距離你可以得分，對手也可以得分。

防禦（Defense）

用腳步和武器（劍）保護自己。

直接攻擊（Direct attack）

發動沒有劍尖轉移（換側）而直接擊中目標的攻擊。

直接還擊（Direct riposte）

還擊時直接攻擊目標。

解除武裝（Disarm）

掉落或放鬆所握的武器。

換側（Disengage）

躲避對手嘗試接觸你的劍（也稱為轉移）。

優勢腳（Dominant foot）

在起勢姿勢時，通常以較強的腳作為前腳。

交劍（Engagement）

與對手的劍保持輕巧但扎實的接觸。

低位交劍（Engagement in the low line）

以劍的交叉點而言，劍尖位置低於護手盤的交劍。

銳劍（Epee）

又稱為決鬥劍。銳劍有一個大的圓形護手（相較於鈍劍）和靈活的三稜劍身，運動員可以刺中對手身體的任何地方得分，因為沒有攻擊權（優先權），所以銳劍運動員可以在比賽中的任何時間點得分。

延伸（Extension）

透過持劍手向前伸直，推劍向前移動，以劍尖對著攻擊的目標。

延伸距離（Extension distance）

延伸距離是擊劍運動員和目標之間，能夠以單一手臂延伸劍，並以劍尖擊中特定目標的距離。

假進攻（False attack）

一個進攻性的動作（假的攻擊），或欺騙對手做出一個故意沒有擊中的動作，但目的是讓對手相信這是一個攻擊，目標仍然是攻擊得分。

佯攻（Feint）

虛張聲勢，以一個類似進攻的動作誤導對手，目的是為了攻擊而吸引對手反應，再依反應進攻。

擊劍道（Fencing strip）（劍道）

描繪出擊劍中所採取的位置，長16公尺和寬2公尺。

飛刺（Fleche）

擊劍中移動的一種方式，採取跑步性質的步法擴展範圍，便於從對手得分。

鈍劍（Foil）

具有小的護手盤（相較於銳劍）和矩形靈活的劍身，為擊劍運動中的

一種武器，最初的設計是作爲銳劍練習的武器。鈍劍有攻擊權的規則，有效區域只有軀幹部分，同時間只有一個運動員可以得分。

腳步（Foot-work）

在擊劍過程中，透過腳和腿的基本動作，在劍道上做出向前或向後移動的腳步，用來做攻擊、保持和對手之間距離，同時也維持擊劍過程中的機動性。

法國式握把（French grip）

爲直線形沒有手指握痕握柄的握把（我們習慣稱之爲法式握把），鈍劍與銳劍運動員均有使用，建議開始學習擊劍的運動員從法式握把入門。

護手（Guard）

各劍種護手盤不同。

高線（High line）（高部位）

擊劍運動員處於起勢姿勢時，髖部以上或持劍手手臂上方的目標區域。當擊劍運動員起勢姿勢持劍時，劍尖高於護手盤，就可以說這是高部位起勢。

擊中（Hit）

以劍的劍尖擊中對手。

內部高線（Inside high line）（內高位部）

非持劍手那側的肩部和胸部區域。

內線（Inside line）

在身體上非持劍手的那一側，也是劍身的左側（對右手持劍的運動員而言爲對面運動員的左邊）。

內部低線（Inside low line）（內低位部）

在非持劍手那一側，位置在持劍手手臂或臀部下方（右手持劍運動員的左側）。

擊劍線（Line）

對應擊劍位置與目標的分界線，通常是你的劍身與劍尖以90度指向你的對手。

攻擊線（Line of attack）

擊劍運動員以武器的劍尖針對對手的目標區進行攻擊。

目標線（Lines of target）（習慣上稱爲分位線Quartering）

將軀幹從下巴到腹股溝間在臀部稍微靠近上方處，畫垂直線區隔成兩個區域，其他以水平線區分成四個部分：高分線（6分位）持劍手臂和肩部；低外線（8和2分位）採起勢姿勢時，護手盤下方那一側；高內線（4分位）胸部較高且靠近持劍手的那一側；低內線（7分位）以護手盤爲基準，在護手盤下方靠近非持劍手的那一側。

低線（Low line）（低部位）

擊劍運動員在起勢姿勢時，髖部或持劍手臂下方。當在起勢時，劍的劍尖低於護手盤時就是低部位。

低位變換劍身接觸（Low-line change of engagement）

從對手武器的一側移動到另一側並做輕巧的接觸，移動時從對手的劍身移動劍尖繞過護手盤，在護手盤的下方與對手的劍接觸，取代在護

手盤上方的交劍。如果對手脫離你，則必須改變劍身在同一側接觸。

低線畫圓撥擋（Low-line circle parries）

當對手攻擊你臀部下方部位時，透過劍身畫圓的動作，在臀部下方接觸對方攻擊的劍，完成撥擋防禦。

低線伸手（Low-line thrust）

對著對手臀部下方做出伸手動作。

低線目標區位（Low-line target area）

在起勢姿勢時，持劍手手臂或臀部下方的目標區域。

長刺（Lunge）（弓步）

移動的一種類形，從起勢姿勢上以前腳做出一個長步。長刺的目的是為了進行一個快速且大距離的攻擊，此時後腳必須推蹬並在後方伸展拉直。

機動性（Mobility）

擊劍運動員在比賽期間或交戰時，在劍道上進行攻擊或防禦與修補安全距離的腿或腳步移動。

現代解除（Modern disengage）

劍身向前或向後移動以避免和對手的劍接觸，目的是避免對手試圖去接觸你的劍。

攻擊（Offense）

目的在於以具侵略性的動作擊中得分。

起勢（On-guard）（準備動作、準備姿勢）

擺出起勢是要在準備情況下的姿勢，在向前或向後移動控制好姿勢，或得進攻或防禦時的平衡。

起勢姿勢（On-guard position）

一個側身的姿勢，讓你覆蓋更多的範圍與你的目標更難被擊中，也可以稱為準備動作、準備姿勢。

對抗撥擋（Oppositional parry）

是一種劍身防禦的動作，透過自己的劍身與對手的劍身接觸和維持接觸狀態，不斷的以劍身做出防守動作，一方面保護自己，一方面試圖擊中對手得分。

距離之外（Out of distance）

當你和對手之間的距離過大或對手得分。

高外線（Outside high line）（高外部位）

持劍手的肩與手臂部位。

外線（Outside line）

持劍手外側的身體。

外側低線（Outside low line）

在持劍做起勢時，身體和臀部位於持劍手臂下方的區域。

撥擋（Parry）

一種防禦性的動作，以自己的劍身將對手攻擊的劍打偏遠離你身體上的有效區域（在鈍劍具有轉換攻擊權的效果）。

2分位撥擋（Parry 2）

用來保護低外線目標區域的防禦動作，鈍劍會用來防禦針對肋骨區域的攻擊，銳劍則作為對肋骨、腹部、臀部、大腿、膝蓋、脛骨區、足部攻擊的劍身防禦動作。

4分位撥擋（Parry 4）

採取劍身機動操作，作為對手針對胸前區的高內線目標區攻擊的劍身防禦動作。

6分位撥擋（Parry 6）

採取劍身機動操作，打偏對手劍尖針對你的高外線的目標區（持劍手肩區）攻擊的劍身防禦動作。

7分位撥擋（Parry 7）

採取劍身機動操作，打偏對手劍尖針對你的內部低位目標區攻擊的劍身防禦動作。

8分位撥擋（Parry 8）

採取劍身機動操作，打偏對手針對你的低外目標區劍尖攻擊的劍身防禦動作（鈍劍是正面外側和肋骨區，銳劍是髖關節、大腿、膝蓋、脛骨或腳正面、側面）。

手槍式握把（Pistol grip）

慣用於鈍劍和銳劍的擊劍握把類型，握把的外觀形狀適合於手，由德國醫師為了他身體障礙的兒子可以不用握著法式握把而發展出來。

柄端螺絲（Pommel）

一個螺母形的螺絲裝置，可以將劍身、護手和握把等武器的各部分連結鎖定在一起。

象限（Quadrants）

目標的線條，將目標區區隔成內、外、高、低等四個區域。

恢復（Recovery）

在攻擊之後回到起勢，以恢復平衡和控制。

攻擊權（Right-of-way）

鈍劍和軍刀比賽中向對手優先發動攻擊，或交劍中最後一劍的運動員便擁有優先權。

後退（Retreat）

向後的步法，用於修補或維持你和對手之間你所想要的距離。

還擊（Riposte）

防守者成功的撥擋對手攻擊的劍之後，立即做出刺中得分。

敬禮（Salute）

對於裁判、觀眾和對手開始和結束的確認，和在每一個擊劍教導之後的感謝之意（回合的對練課程、上課期間的練習）。動作是透過舉劍讓護手盤到下巴來完成，表示對前述人員的尊重和榮躍。

得分距離（Scoring distance）

你或對手可以擊中目標的距離。

拍擊撥擋（Spanking parry）

以劍身移動對著對手進攻的劍身做出乾淨俐落的敲擊。

伸手反攻（Stop thrust）

反攻是在對手進攻時做出的伸手進攻動作（或稱反攻刺，也是比賽中常見於銳劍得分的重要技擊技巧）。

直刺（Straight thrust）

完全伸展武器，將劍尖對準對手持劍手手臂目標完成進攻動作，這也是最快、最簡單和最有效的得分動作。

戰術（Tactics）

　　包含正確的心理分析、在正確的時機與適當的距離回應對手的動作，執行正確的擊劍行動。

節奏（Tempo）

　　節奏是由時機、速度和一些擊劍行動與機動動作共同構成。

有效部位（Target）

　　有效區域為你的武器或劍尖表達出擊中的面積。

伸手（Thrust）

　　以持劍手延伸劍尖，使劍向前運動去達成擊中。

劍尖（Tip）

　　劍尖或劍身或武器的結束點。

作者簡介

　　作者已經參加了國家和國際擊劍錦標賽二十年，伊萊恩·查莉絲（Elaine Cheris）是美國空前的偉大擊劍運動員之一，也是公認的成功教練和管理員。她擁有並經營著夏安擊劍和現代五項中心（Cheyenne Fencing and Modern Pentathlon Center）。在那裡，她指導過許多著名的學生，包括歌壇巨星吉米·巴菲特（Jimmy Buffett）。她還具有兩屆世界錦標賽主席的經歷（1989年公開組，1993年20歲以下和17歲以下）和世界青年隊的教練。

　　Cheris是美國2000年和美國國際1998-1999最高級別排名第一的擊劍運動員，也參加過三次奧林匹克運動會（1980、1988、1996），亦是1988年首爾奧運會女子鈍劍第六名和1996年亞特蘭大奧運會女子銳劍第六名的成員。在泛美運動會中，Cheris是1987年女子鈍劍隊金牌和1991年女子銳劍隊金牌的成員。

　　她也曾經是美國六次世界盃擊劍錦標賽銳劍隊（1990-1994、1998）和三次鈍劍代表隊（1982、1985、1987）的成員。

　　Cheris於1970年在克里斯·特洛伊州立大學（Troy State University）畢業，取得體育教學／心理學學位，現居於科羅拉多州丹佛市。

國家圖書館出版品預行編目資料

擊劍：邁向卓越／Elaine Cheris著；沈易利
譯. -- 初版. -- 臺北市：五南圖書出版股
份有限公司, 2016.10
　　面；　公分
譯自：Fencing: steps to success
ISBN 978-957-11-8856-0 (平裝)

1.劍術

528.974　　　　　　　　　　　105017941

5C13

擊劍：邁向卓越

作　　者 —	Elaine Cheris
策　　劃 —	國家運動訓練中心
主　　編 —	邱炳坤
譯　　者 —	沈易利
發 行 人 —	楊榮川
總 經 理 —	楊士清
總 編 輯 —	楊秀麗
副總編輯 —	黃文瓊
責任編輯 —	劉芸蓁　李敏華
封面設計 —	姚孝慈
出 版 者 —	五南圖書出版股份有限公司
地　　址：	106台北市大安區和平東路二段339號4樓
電　　話：	(02)2705-5066　　傳　　真：(02)2706-6100
網　　址：	https://www.wunan.com.tw
電子郵件：	wunan@wunan.com.tw
劃撥帳號：	01068953
戶　　名：	五南圖書出版股份有限公司
法律顧問　林勝安律師	
出版日期　2016年10月初版一刷	
2023年11月初版四刷	
定　　價　新臺幣320元	

經典永恆・名著常在

五十週年的獻禮 —— 經典名著文庫

五南，五十年了，半個世紀，人生旅程的一大半，走過來了。

思索著，邁向百年的未來歷程，能為知識界、文化學術界作些什麼？

在速食文化的生態下，有什麼值得讓人雋永品味的？

歷代經典・當今名著，經過時間的洗禮，千錘百鍊，流傳至今，光芒耀人；

不僅使我們能領悟前人的智慧，同時也增深加廣我們思考的深度與視野。

我們決心投入巨資，有計畫的系統梳選，成立「經典名著文庫」，

希望收入古今中外思想性的、充滿睿智與獨見的經典、名著。

這是一項理想性的、永續性的巨大出版工程。

不在意讀者的眾寡，只考慮它的學術價值，力求完整展現先哲思想的軌跡；

為知識界開啟一片智慧之窗，營造一座百花綻放的世界文明公園，

任君遨遊、取菁吸蜜、嘉惠學子！